Uwe Dost

# Chamäleons

2. Auflage

52 Farbfotos
16 Zeichnungen

Ulmer

# Vorwort

Chamäleons üben wegen ihres bizarren Äußeren, ihrer Art des Beutefanges mit der Schleuderzunge und der (allerdings meist übertrieben dargestellten) Fähigkeit zum Farbwechsel nicht nur auf Herpetologen eine sehr starke Faszination aus. Trotzdem galten Chamäleons lange Zeit als heikle, für die Terrarienhaltung eher ungeeignete Pfleglinge, während bei vielen anderen Reptilienarten bereits schon recht lange Haltungs- und Nachzuchterfolge zu verbuchen sind. Inzwischen gelang zwar die Nachzucht etlicher Chamäleonarten, teilweise auch über mehrere Generationen hinweg, aber deshalb von einem Durchbruch bei der Pflege und Nachzucht von Chamäleons zu sprechen, wäre weit gefehlt. Dieses Buch enthält neben zahlreichen Aspekten der Biologie der Chamäleons auch Informationen und Tipps zu ihrer erfolgreicher Pflege und Vermehrung im Terrarium. Im Artenteil werden einige ausgesuchte Arten (ohne Anspruch auf Vollständigkeit) näher vorgestellt, deren Nachzucht schon mehrfach gelang und-/ oder die regelmäßig im Handel erhältlich sind. Die Haltung dieser Arten ist zwar gewiss kein Kinderspiel, aber verantwortungsbewussten Chamäleon-Einsteigern durchaus möglich.

Esslingen, im Frühjahr 2007
Uwe Dost

# Inhaltsverzeichnis

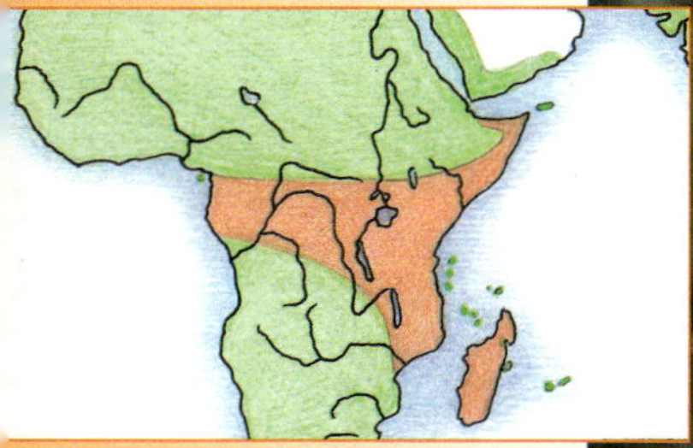

# Herkunft und Lebensraum

*Besonders in Äquatorialafrika entstanden durch Klimaveränderungen im Laufe der Erdgeschichte neue Chamäleonarten. Zog sich bei Erwärmung der Regenwald aus dem Tiefland in höhere Lagen zurück, wurden die darin lebenden Chamäleonpopulationen auf Wald tragenden Bergkuppen und -rücken isoliert. Aus den einzelnen Populationen konnten sich dann Unterarten oder gar neue Arten entwickeln.*

Verglichen zu den ältesten Fossilienfunden, die als von Reptilien abstammend angesehen werden und deren Alter auf etwa 340 Mio. Jahre datiert wird, sind Chamäleons, die *Chamaeleonidae* im Vergleich dazu eine relativ moderne Reptilienfamilie. Wissenschaftler schätzen das Alter dieser Familie auf über 60 Mio. Jahre. Ihr Ursprung liegt aber wahrscheinlich noch etwas weiter zurück, in der oberen Kreide vor über 65 Mio. Jahren. Aus dem Tertiär (vor 65 bis 2,5 Mio. Jahren) sind viele fossile Chamäleonfunde bekannt, so beispielsweise das bisher älteste, eindeutig als echtes Chamäleon identifizierte, etwa 26 Mio. Jahre alte *Chamaeleo caroliquarti* aus Westböhmen.

## Verbreitung und Entstehung der Chamäleonarten

Nach heutigen Kenntnissen lag die Wiege der Chamäleons in Ostafrika. Von dort aus breiteten sie sich über ganz Afrika, Madagaskar und die benachbarten Inseln bis über die arabische Halbinsel aus. Im äquatorialen Afrika leben etwa 40 % aller heute bekannten Chamäleonarten, weitere 40 % auf Madagaskar, wo sogar drei Gattungen: *Brookesia*, *Calumma* und *Furcifer* endemisch sind, d.h. sie kommen nur dort vor. Eine Art, *Chamaeleo zeylanicus*, erreichte sogar Indien und Sri Lanka (Ceylon). In Europa leben nur noch zwei Chamäleonarten. An den Südküsten Spaniens und Portugals, in Südgriechenland, im südöstlichen Mittelmeerraum entlang der Küste sowie auf einigen Mittelmeerinseln existieren noch Reliktpopulationen, vom Gemeinen oder Europäischen Chamäleon (*Chamaeleo chamaeleon*). Erst 1998 wurde in Griechenland eine kleine Population des Afrikanischen Chamäleons (*Chamaeleo africanus*) entdeckt. Dieses wurde vermutlich in der Antike aus Ägypten nach Griechenland eingeschleppt. Wie fossile Funde aus Bayern, Westböhmen und auch China belegen, war das Verbreitungsgebiet der Chamäleons einst weitaus größer als heute. Ergänzend ist noch eine von Liebhabern im Jahr 1972 „installierte“, sich selbst erhaltende Chamäleonpopulation des Jackson'schen Dreihornchamäleon (*Chamaeleo jacksonii xantholophus*) auf Hawaii zu nennen. Gelegentlich wird von kleineren Chamäleonvorkommen in den wärmeren Staaten der USA berichtet, die von entkommenen Tieren abstammen.

Isolierte Waldinseln im Hochland.

## Systematik

Aufgrund ihres hochspezialisierten, von anderen Echsen sehr stark abweichenden Bauplanes wurden Chamäleons früher lange Zeit als eigene Reptilienordnung Rhiptoglossa oder Vermilinguer (Wurmzüngler) angesehen. Heute zählt die Familie der Chamäleons (*Chamaeleonidae*) innerhalb der Klasse der Kriechtiere (Reptilia) zur Ordnung der Schuppenkriechtiere (Squamata) und dort zur Unterordnung der Echsen (Sauria). Dort wird sie zusammen mit den beiden Familien der Leguanen und der Agamen (Agamidae sind ihre nächsten Verwandten) zur Zwischenordnung der leguanartigen Echsen (Iguania) gestellt.

**Nach Klaver und Böhme (1997) wird die Familie der Chamäleons (Chamaeleonidae) in zwei Unterfamilien unterteilt:**

- **die echten Chamäleons** *Chamaeleoninae* mit den vier Gattungen *Bradypodion*, *Calumma*, *Chamaeleo* (wiederum in die Untergattungen *Chamaeleo* und *Trioceros* aufgespalten)
  und Furcifer, die im Moment etwa 140 Arten und Unterarten zählt,
- **die Erd- oder Stummelschwanzchamäleons** *Brookesiinae* mit den zwei Gattungen *Brookesia* und *Rhampholeon*, die etwa 40 Arten und Unterarten umfasst.

## Natürliche Lebensräume und Klimabedingungen

Chamäleons bewohnen ein sehr großes Verbreitungsgebiet und besitzen eine enorme Bandbreite in der Höhen(Vertikal)verbreitung sowie der Lebensräume, *Chamaeleo schubotzi* am Mount Kenia kommt sogar bis in 4500 m Höhe vor. Daher können Populationen ein und der selben Art stark voneinander abweichende Klimaansprüche aufweisen. So wird beispielsweise für das über fast ganz Madagaskar verbreitete, sehr anpassungsfähige Teppichchamäleon, *Furcifer lateralis*, eine Höhenverbreitung von 0 bis 2000 m angegeben. Es lebt sogar in Kulturlandschaften, Vorgärten und Städten. Das Blattchamäleon, *Rhampholeon spectrum*, bewohnt sowohl immergrüne Regenwälder in Küstennähe als auch geschlossene Bergregenwälder bis in einer Höhe von 1900 m. Es liegt auf der Hand, dass sich die Klima- und Temperaturwerte auf Meereshöhe deutlich von denen in der Höhe unterscheiden. Daher ist es nicht verwunderlich, dass Chamäleonpfleger bei bestimmten Arten unterschiedliche Erfahrungen in Bezug auf die Haltungs- und Vorzugstemperaturen ihrer Elterntiere, der

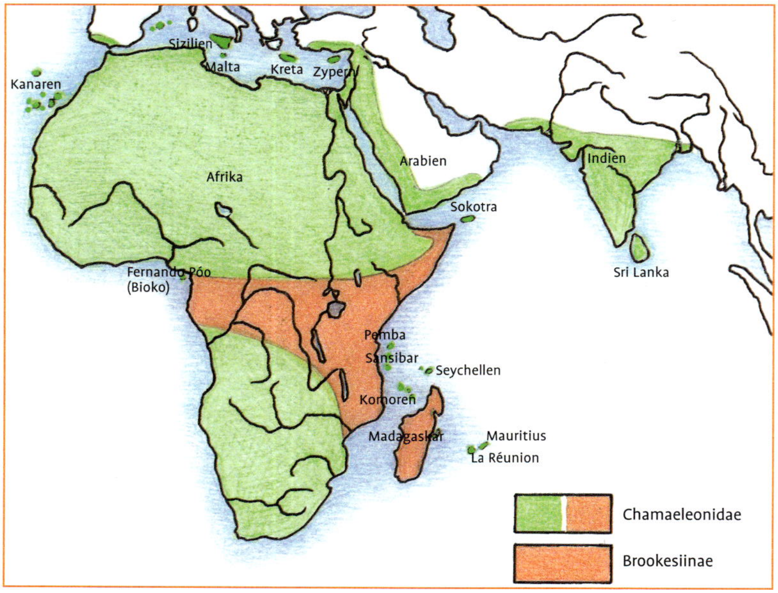


Verbreitung der Familien der Chamäleons.

Inkubationstemperatur von Gelegen sowie der Aufzuchttemperatur für Jungtiere gemacht haben. Dies löste zum Teil heftige Diskussionen über die „richtige" Haltung solcher Arten aus.

Die meisten Chamäleons leben in Sträuchern und Bäumen. Einige Vertreter der Gattung *Calumma* bevorzugen fast ausschließlich die Baumkronen und suchen nur sehr selten den Boden (z.B. nur Weibchen zur Eiablage) auf. Auch im Gras und im niedrigen Buschwerk der Savannen leben Chamäleons. Trotz ihrer körperbaulichen Anpassung an das Leben in „luftiger" Höhe, halten sich viele Baum bewohnende Arten durchaus auch gelegentlich am Boden auf, nicht nur etwa deren Weibchen bei der Eiablage. Von etlichen Arten, wie *Chamaeleo calyptratus*, *Chamaeleo chamaeleon*, *Chamaeleo montium*, *Chamaeleo cristatus*, *Furcifer lateralis*, wird berichtet, dass sie hin und wieder im Boden Mulden ausheben, um sich darin zu verbergen. Ursachen dafür sind ungünstige Klimaverhältnisse, etwa zu hohe oder zu niedrige Temperaturen. Einige Arten „überwintern" bei Kälte regelrecht mehrere Tage im Boden. Während sich Erd- und Stummelschwanzchamäleons häufig am Boden aufhalten, sind nur sehr wenige Vertreter der Echten Chamäleons, wie etwa das Wüstenchamäleon (*Ch. namaquensis*), wieder zu einer mehr bodenorientierten Lebensweise übergegangen. Der Bau ihrer Extremitäten (zangenartige Greifhände) hat sich trotz des Übergangs zum Bodenleben jedoch nicht wesentlich verändert. Trotz ihrer hoch spezialisierten Greifhände können sich viele Chamäleons bei Gefahr dennoch überraschend geschickt und sehr schnell am Boden fortbewegen, einige Arten (wie *Bradypodion tavetanum*) springen sogar geradezu davon. Auch die madagassischen Stummelschwanzchamäleons der Gattung Brookesia sowie die afrikanischen Blatt- oder Erdchamäleons der Gattung Rhampholeon halten sich tagsüber in der untersten Vegetationsschicht der Wälder etwa bis in 1 m Höhe, in Bodennähe oder in der Falllaubschicht auf. In der Nacht klettern sie zum Schutz vor Fressfeinden auf höhergelegene Schlafplätze, beispielsweise auf Zweige, die die Laubschicht überragen.

Unterschiedliche Lebensräume wie Wüste oder Regenwald besitzen unterschiedliche Großklimawerte, aber auch in ein und demselben Lebensraum können die bevorzugten Aufenthaltsorte (Mikrohabitate) deutlich unterschiedliche Kleinklimawerte aufweisen. Diese so genannten Mikroklimate unterscheiden sich auch im Lebensraum Regenwald an den einzelnen Standorten und Höhenstufen. Im Kronendach eines Tiefland-Regenwaldes oder an Waldrändern steigen die Temperaturen ohne schützende Wolkendecke tagsüber auf 35 °C an, nachts erfolgt eine Abkühlung auf bis etwa 20 °C. Die relative Luftfeuchtigkeit kann von 100 % bei Regen auf etwa 60 % bei Sonnenschein sinken. Im Inneren der mehrgeschossigen Regenwälder puffert die dichte Vegetation des Waldbodens dagegen größere Schwankungen ab. Am Boden liegt die relative Luftfeuchtigkeit ohne nennenswerte Luftbewegung fast immer bei durchschnittlich 90 %.

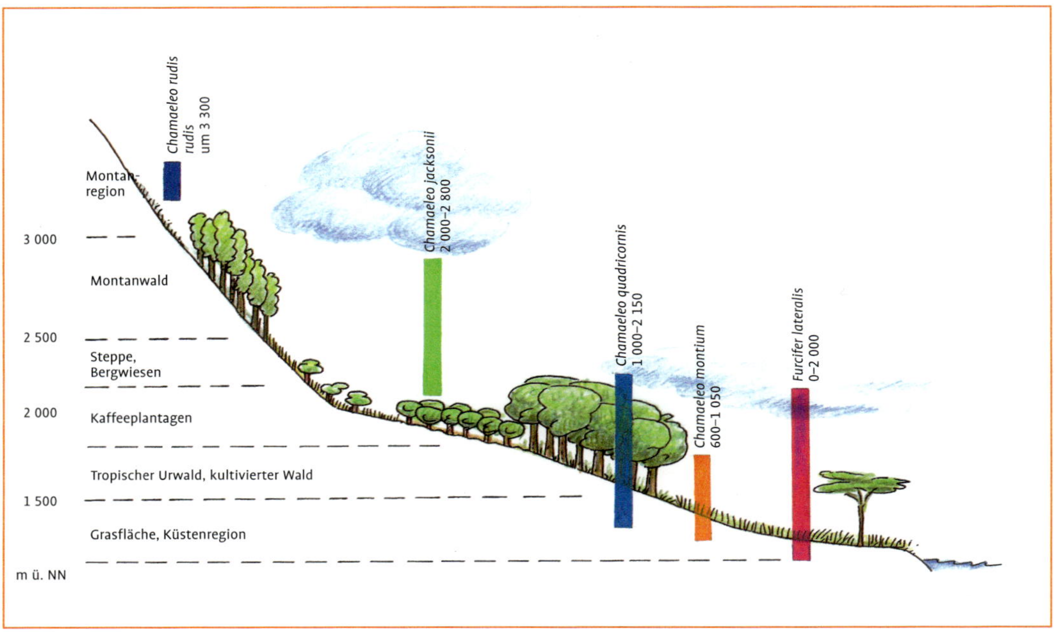


Die Lebensräume verschiedener Chamäleonarten liegen in den verschiedensten Höhen- und Vegetationsstufen.

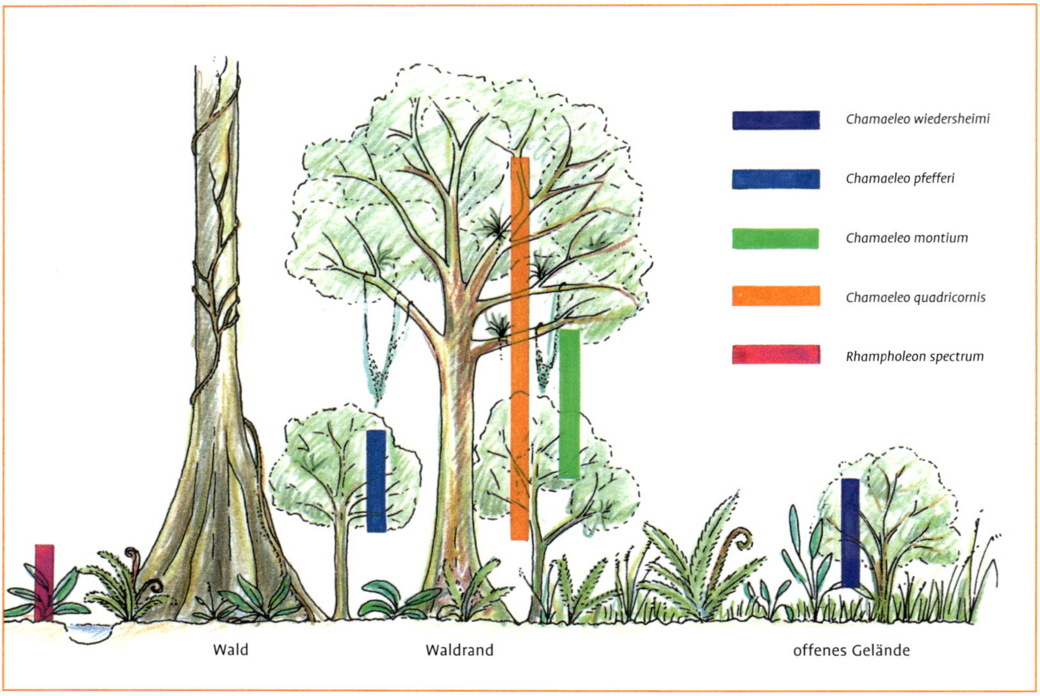


Schematische Darstellung eines Bergregenwaldes mit der Vertikalverbreitung und den Mikrohabitaten verschiedener Chamäleonarten.

Die Temperaturen betragen im Mittel etwa 26 bis 28 °C am Tag und 22 bis 24 °C bei Nacht. Noch krasser können sich in Trockengebieten oder Wüsten die Klimawerte der Kleinstlebensräume im Tagesverlauf unterscheiden. Auch muss nicht jede Art aus einer Wüstenregion zwangsläufig aufgrund ihrer Herkunft trocken und heiß auf Sand im Wüstenterrarium gehalten werden (z.B. Nilkrokodile aus der Sahara!).

*Besonders für die Pflege von Chamäleons ist es wichtig, die Klimabedingungen des natürlichen Lebensraumes, die genauen Aufenthaltsorte sowie die Aktivitätszeit der Tiere zu kennen, um im Terrarium einen Lebensraum mit den entsprechenden Klimawerten nachbilden zu können.*

Viele Chamäleons werden wohl eher zu warm als zu kühl gehalten. Denn in den Tropen kann die Temperatur bei Wolkenbildung in mittleren bis hohen Lagen empfindlich abkühlen. Ferner spielt der Bewegungsdrang und die Körpergröße der Tiere eine wichtige Rolle. So vertragen große und/oder sehr mobile Arten, die in den verschiedenen Vegetationsschichten des Waldes auf- und abwechseln und dabei Zonen unterschiedlicher Mikroklimate durchstreifen, in der Regel größere Klimaschwankungen als sehr kleine oder ruhige Arten, die z.B. den Regenwaldboden kaum verlassen. Häufig halten sich verschiedene Altersklassen einer Art an unterschiedlichen Stellen im selben Lebensraum auf. Jungtiere leben oft in dichterer Vegetation oder tiefer gelegenen Waldetagen, wo die Temperaturen niedriger und die Luftfeuchtigkeit höher sind als an den bevorzugten Aufenthaltsorten der Eltern.

## Bestimmungen zum Artenschutz

Die Neufassung des Europäischen Artenschutzrechtes in den gültigen Verordnungen der Europäischen Union vom 1. Juni 1997 enthält vier Anhänge (A–D). Unter Anhang A (vom Aussterben bedrohte Arten) wird das Europäische Chamäleon (*Chamaeleo chamaeleon*) und das Panzerchamäleon (*Brookesia peramata*) aufgeführt. Nach diesen gesetzlichen Reglungen ist

- die Ein- und Ausfuhr,
- der Kauf und
- die kommerzielle Nutzung

von Arten des Anhangs A verboten.

Ausnahmen sind unter bestimmten Vorraussetzungen möglich, beispielsweise für in Gefangenschaft geborene und gezüchtete Exemplare. Allerdings werden dazu EU-Bescheinigungen inklusive Ausnahmegenehmigungen vom Vermarktungsverbot benötigt. Alle anderen Echten Chamäleons der Unterfamilie Chamaeleoninae werden unter dem Anhang B der neuen EU-Verordnung aufgeführt. Dieser Anhang enthält u.A. die im Anhang II des Washingtoner Artenschutzübereinkommens (WA) aufgelisteten Arten, also Arten deren Erhaltungssituation noch eine nachhaltige Nutzung unter wissenschaftlicher Kontrolle zulässt. Für die Anhang-B-Arten der EU-Verordnung besteht keine CITES-Pflicht, innerhalb der EU ist also keine amtliche Bescheinigung oder Genehmigung zur Beförderung und Vermarktung vorgeschrieben, allerdings ist der rechtmäßige Erwerb nachzuweisen. Um diesen bestätigen zu können, muss der neue Besitzer über Belege, wie alte CITES-Bescheinigungen, Schriftstücke, die die Ausfuhr- bzw. Einfuhrnummer beinhalten, Kaufverträge, Bescheinigungen des Züchters oder Kassenbons verfügen. Chamäleons der Gattung *Brookesia* werden seit 2002 unter Anhang B geführt, das Panzerchamäleon *Brookesia peramata* unter Anhang A. Die Chamäleons der Gattung *Rhampholeon* werden zurzeit noch unter Anhang D aufgeführt, d.h. sie sind noch ohne Einschränkungen bzw. ohne Nachweispflicht frei handelbar.

Für alle geschützten Wirbeltiere besteht eine Meldepflicht, d.h. jeder Chamäleonhalter muss den legalen Erwerb seiner Pfleglinge nachweisen können und hat Veränderungen seines Bestandes unverzüglich der dafür zuständigen Behörde (z.B. Regierungspräsidium, Naturschutz- oder Untere Landschaftsbehörde) zu melden. Da sich in den geltenden rechtlichen Bestimmungen auch Änderungen ergeben, sind bei offenen Fragen oder Unklarheiten, Auskünften bei den zuständigen Behörden (Adresse im Anhang) einzuholen.

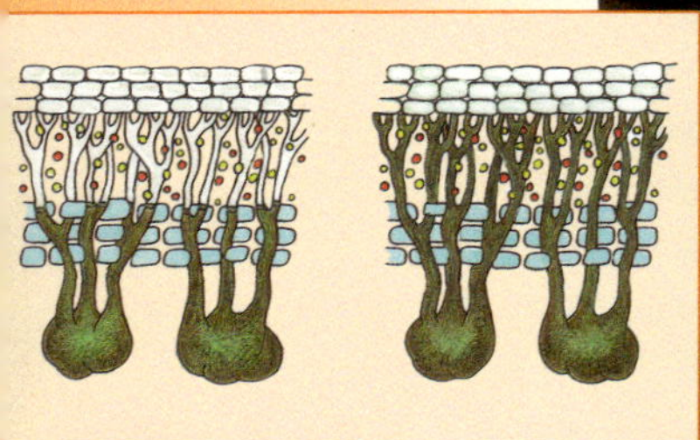

# Die Biologie

Chamäleons erinnern uns an Drachen oder Dinosaurier und üben deshalb eine große Faszination auf uns aus. Selbst herpetologisch uninteressierten Menschen und vor allem Kinder kennen diese Echsenfamilie – nicht zuletzt wegen ihrer körperlichen Besonderheiten wie der langen, klebrigen Zunge, mit der die Tiere Beute fangen, den unabhängig voneinander beweglichen Augen oder auch der oft stark übertrieben beschriebenen Fähigkeit, die Farbe zu wechseln.

## Körpergröße – von ganz klein bis ganz groß

Kleinste Art unter den Chamäleons ist mit einer Geamtlänge von etwa 3 cm die Art *Brookesia minima* von der Insel Nosy Bé. Sie ist damit auch eine der kleinsten Reptilienarten überhaupt. Der größere Teil der Chamäleonarten erreicht eine Gesamtlänge von etwa 15 bis 40 cm. Die größten Vertreter der Familie der *Chamaeleonidae* sind mit etwa 60 cm das ostafrikanische Elefantenohrchamäleon *Chamaeleo melleri* und das madagassische Riesenchamäleon *Furcifer oustaleti* mit einer belegten Gesamtlänge von 68,5 cm.

## Körperbau – unverwechselbar und hochspezialisiert

Aufgrund ihrer Gestalt und ihres von anderen Echsen sehr abweichenden Bauplanes, etwa der oft mehr als körperlangen Schleuderzunge oder der unabhängig voneinander beweglichen, hervorstehenden Augen, wurden Chamäleons früher sogar als eigene Reptilienordnung (Rhiptoglossa) betrachtet. Im Laufe ihrer Entwicklungsgeschichte haben sich Chamäleons hervorragend an ein Leben in Sträuchern und Bäumen angepasst, etwa:

- die zu Greifzangen umgeformten Extremitäten (opponierbare, bis zum letzten Fingerglied zusammengewachsene Finger und Zehen)
- sowie den von vielen Arten als „fünfte Hand“ eingesetzten **Klammerschwanz**.

Der Körper aller Chamäleons ist seitlich stark abgeflacht, bei vielen Arten schmal und hoch, was den Tieren ein blattähnliches Aussehen verleiht. Bei Bedrohung können sich viele Chamäleons richtig „dünn machen“, um sich hinter Ästen im Blattwerk zu **tarnen**. Für potentielle Fressfeinde sind sie dann praktisch unsichtbar. Fühlen sich Chamäleons beobachtet oder bedroht, ohne dass sie sich verbergen können, vollführen viele Arten schaukelnde bzw. wippende Bewegungen (Wiegeschritt – vor und

Chamäleon-Männchen benutzen ihre Hörner beim Kommentkampf.

zurück) wie vom Wind bewegte Blätter. Erdchamäleons der Unterfamilie *Brookesiinae* ahmen vertrocknete Blätter oder Ästchen nach. Bei Bedrohung verharren sie regungslos, schließen oft ihre Augen und lassen sich bei anhaltender Belästigung einfach auf den Waldboden fallen. Dort bleiben sie in der Laubschicht noch geraume Zeit völlig erstarrt liegen – um sich nicht zu verraten.

**Auffällige Körperanhänge bei Chamäleons:**
- Schnauzenfortsätze (echte und unechte Hörner),
- Kehl- und Rückenkämme (vergrößerte Schuppen),
- Rücken- und Schwanzsegel (Hautgebilde),
- Helme (je nach Art mehr oder weniger kräftig ausgebildet).

Erdchamäleons der Gattung Brookesia besitzen dornige Wirbelausläufer über der Wirbelsäule, die teilweise über Sehnen bewegt und aufgerichtet werden können. So schützen sie ihre Wirbelsäule, aber sie lösen damit auch die Kontur ihres Körpers auf und verschmelzen mit der Umgebung. Alle knochigen und häutigen Körperanhänge der Chamäleons dienen neben der **Konturauflösung** aber auch noch der **Arterkennung** und der **innerartlichen Kommunikation**, besonders auffällig zum Beispiel beim Drohen.

Die **Zähne** der Chamäleons stehen wie bei Agamen genau auf der Oberkante des Kiefers (akrodont) und sind nicht mit diesem verwachsen. Ausgebrochene Zähne werden nicht, wie bei vielen anderen Echsen, ersetzt.

## Die Sinnesorgane

Unter den Sinnesorganen sind die Augen bei den Chamäleons am weitesten entwickelt. Die Nase dient hauptsächlich der Atmung, obwohl sich an den Innenwänden der Nasenhöhlen auch Sinneszellen befinden, die wohl Gerüche wahrnehmen können. Der eigentliche **Geruchssinn** ist bei Reptilien aber nicht in der Nasenhöhle sondern in einem zusätzlichen, nicht mit der Nase verbundenen Sinnesorgan, dem Jacobson'schen Organ, lokalisiert. Dieses liegt vor der inneren Nasenöffnung im Gaumen des Rachenraumes und wird von einem paarigen Riechepithel gebildet, das in einer eigenen Höhlung liegt

*Chamäleons können völlig zurecht als „Augenwesen" bezeichnet werden. Denn die herausstehenden, unabhängig voneinander beweglichen Augen sind ihr wichtigstes Sinnesorgan.*

oder Gänge ausbildet. Schlangen „züngeln" beispielsweise, um mit den Zungenspitzen dem Riechepithel Duftmoleküle zu zuführen. Beim Chamäleon ist das Jacobsonsche Organ unterentwickelt, deshalb ist ihr Geruchssinn wohl nur schlecht ausgebildet.

Gelegentlich kann man beobachten, dass Chamäleons Einrichtungsgegenstände oder Futterobjekte belecken, vielleicht um Reviermarken aufzunehmen oder den **Geschmack** der Futtertiere zu prüfen. Obwohl auf ihren Zungen auch Sinneszellen nachgewiesen werden konnten, scheint der Geschmackssinn nur eine untergeordnete Rolle zu spielen, ebenso wie das Gehör. Chamäleons nehmen außer Vibrationen in sehr niedrigen Frequenzbereichen kaum Geräusche wahr.

## Augen

Die Augäpfel ragen deutlich aus den Augenhöhlen über die Kopfoberfläche hervor. Ein komplexer, kräftiger Muskelapparat verleiht ihnen eine bemerkenswerte Beweglichkeit. Die Augenlider sind miteinander verwachsen und bedecken bis auf eine kleine, runde über der Pupille liegende Öffnung fast den gesamten Augapfel. Beide **„Kuppelaugen"** sind zudem unabhängig voneinander beweglich, im Winkel von 180° horizontal und 90° vertikal, sodass ein Chamäleon bis auf einen kleinen toten Winkel über dem Rücken einen fast hundertprozentigen Rundumblick besitzt. Sie können sowohl mit dem Lidloch als auch mit der Pupille die einfallende Lichtmenge und ihre Sehschärfe einstellen. Alle Chamäleons sind tagaktiv. Die Netzhaut ihrer Augen besteht größtenteils aus Zäpfchen, die bei Wirbeltieren Träger des Farbsehens sind. Zu dunkel gehaltene Chamäleons schießen keine Beutetiere und verhalten sich apathisch. Während des Schlafes legen sich die Augenlieder aufeinander und bilden einen waagrechten, undurchlässigen Spalt. Der Augapfel wird etwas nach unten gedreht und die Pupille durch ein Knochenplättchen vor Lichteinfall geschützt.

*Eine besonders auffällige, für den Betrachter beim ersten Mal eine erschreckende Verhaltensweise, zeigen Chamäleons bei der Häutung oder wenn Schmutzteilchen zwischen Lid und Auge geraten. Sie drücken dann den gesamten Augapfel aus dem Kopf nach außen und reiben die Lidhaut an ihren Körpergliedern, Einrichtungsgegenständen oder an Ästen. Der Augapfel wird nach Entfernung der Störung wieder in die Augenhöhle zurückgezogen.*

## Schleuderzunge

Ein sehr bekanntes Charakteristikum von Chamäleons ist ihre Zunge, die sie zum Beutefang hervorschnellen. Es werden nicht nur Futtertiere geschossen, sondern oft auch Wassertropfen. Bei einigen Chamäleonarten ist die Zunge sogar länger als ihr Körper. Bei allen Echsen wird die Zunge vom Hyoid-(Zungenbein)skelett

Vierhornchamäleon-Weibchen beim Lauern auf Beute.

gestützt. Die Zungenspitze liegt auf einem stabförmigen Fortsatz des Zungenbeines. Chamäleons besitzen im Vergleich zu anderen Echsen eine einzigartige, besonders komplizierte Zungenmuskulatur.

**Das Fangen der Nahrung per Zungenschuss erfolgt in mehreren Schritten (siehe auch S. 18, 19):**

**1. Phase.** Erspäht ein Chamäleon eine potentielle Beute mit wenigstens einem Auge, wird zuerst die Entfernung eingeschätzt.

**2. Phase.** Kopf und Maul werden zur Beute hin ausgerichtet und diese mit beiden Augen anvisiert. Je nach Hunger, dem von der Beute ausgehenden Fressreiz und der Entfernung schleicht sich das Chamäleon entweder mit langsamen, schaukelnden Tarnbewegungen an, „sprintet" auf die Beute zu oder dreht nur langsam den Kopf in einen günstigen Schusswinkel.

**3. Phase.** Der Zungenbein-Muskel-Apparat wird aus dem Rachenraum nach vorne geschoben, dann mit leicht geöffnetem Maul und „gespannter", schussbereiter, leicht hervorragender Zungenspitze, die Beute weiterhin genau beobachtet. Oft verharren Chamäleons mehrere Sekunden in dieser „angespannten" Position. Häufig wird die Zunge auch mehrmals zurückgezogen, wenn sich die Beute nicht bewegt oder der den Schuss auslösende Reiz fehlt.

**4. Phase.** Beim „Schuss" wird die Zunge durch einen Beschleunigungsmuskel mit einer Geschwindigkeit von fast 6 m/sec aus dem Maul katapultiert. Die Augen werden dabei geschlossen, damit sie von der zurückschnellenden Zunge nicht verletzt werden. An der Zungenspitze befindet sich Drüsen, die nur ein feuchtes Sekret, aber keine klebrige Flüssigkeit absondern. Die Beute wird nur durch Adhäsion sowie den „Saugnapfeffekt" festgehalten, nicht aber festgeklebt, wie oft vermutet wird.

**5. Phase.** Ein Rückzugsmuskel zieht den Zungenbein-Apparat und die Zunge mit einer S-förmigen Pendelbewegung wieder ins Maul zurück. Dies geschieht mit einer Geschwindigkeit von weniger als 3 m/sec deutlich langsamer als der Schuss. Die Beute wird darauf mit den Kiefern ergriffen und etwa gleichzeitig der Zungenbein-Apparat, einschließlich der Zunge, in den Rachenraum zurückgezogen. Der Zungen-Rückzugsmuskel begrenzt übrigens die Schussentfernung, die in der Regel etwa der Kopf-Rumpflänge des Chamäleons entspricht, diese aber auch weit übertreffen kann.

**6. Phase.** Nun wird die Beute mit den Kiefern zerquetscht und getötet, anschließend verschlungen.

Oben von links nach rechts:
2. Phase. Beute wird mit beiden Augen anvisiert.

3. Phase. Maul wird leicht geöffnet und die Beute schussbereit beobachtet.

*Chamäleons können bei Gefahr den Schwanz nicht an einer Sollbruchstelle abwerfen, wie zum Beispiel Geckos. Durch Verletzung verloren gegangene Schwanzstücke werden auch nicht regeneriert.*

Dieses Jemenchamäleon seilt sich mit dem Kopf nach unten hängend ab, gesichert durch seinen Greifschwanz und seine Hinterextremitäten.

4. Phase: Beim Schuss wird die Zunge mit fast 6 m/sec aus dem Maul katapultiert.

5. Phase: Mit einer S-förmigen Pendelbewegung wird die Zunge zurück ins Maul gezogen.

## Greifschwanz

Bei den echten Chamäleons der Unterfamilie Chamaeleoninae ist der bewegliche und kräftige Schwanz meist länger als der Körper. Diese Arten können sich beim Klettern im Geäst auch ausschließlich mit dem Schwanz festhalten, während die Gliedmaßen nach Halt suchen. Der Schwanz wird dabei als Sicherung wie eine „fünfte" Hand eingesetzt.

Bewegen sich Chamäleons am Boden schnell fort, wird der Schwanz meist steif nach hinten ausgestreckt. Bei langsamer Fortbewegung oder auch wenn die Tiere eine Ruhepause einlegen, dient der S-förmig nach unten gebogen Schwanz als Stütze. Gesunde Tiere rollen beim Schlafen ihren Schwanz vollkommen spiralförmig unter der Kloake zusammen.

Bei der Unterfamilie der Erd- oder Stummelschwanzchamäleons ist der Schwanz meist kürzer als der Körper. Er ist im Vergleich zum Schwanz der echten Chamäleons nur wenig beweglich und wird bei den meisten Arten dieser Unterfamilie höchstens als Stütze und zum Halten des Gleichgewichtes eingesetzt. Einige *Brookesia*-Arten können sich aber dennoch mit ihrem Schwanz festhalten und sichern.

## Greiffüße

Die Extremitäten der Chamäleons sind zu einzigartigen Greifzangen umgeformt. Bei ihnen sind die Zehen fast komplett in Zweier- und Dreiergruppen zusammengewachsen, lediglich die Krallen tragen-

Ideal ausgestattet für das Leben im Geäst: ein Helmchamäleon wie es sich fortbewegt.

den Endglieder der Gliedmaßen sind nicht miteinander verwachsen. Erstaunlicherweise sind am Vorderfuß außen zwei und innen drei Finger verwachsen, während am Hinterfuß genau umgekehrt zwei verwachsene Innenfinger den drei Außenfingern gegenüber stehen. An den Fußsohlen besitzen Chamäleons Haftlamellen mit Haftbürsten, um auch auf glatten Ästen noch Halt zu finden.

## Wie alt werden Chamäleons?

Chamäleons sind im Vergleich zu vielen anderen Reptilien recht kurzlebige Echsen. In freier Natur erreichen wenige Tiere ein hohes Alter. Beispielsweise sterben nach Aussage von Olaf Pronk (Reptilienexporteur in Madagaskar) auf der Insel Nosy Bé viele Pantherchamäleons bereits nach einem Jahr. Nur wenige Tiere dürften in freier Natur zwei bis zweieinhalb Jahre alt werden. Diese Aussage deckt sich mit den Biotopbeobachtungen von Rimmele (1999). Im Terrarium erreichen sie in Ausnahmefällen ein Alter von bis zu acht Jahren. Teppichchamäleons leben in freier Natur häufig nur ein bis zweieinhalb, im Terrarium aber bis zu fünf Jahren.

**Lebenserwartung von Chamäleons im Terrarium laut Literatur:**
- kleine Chamäleonarten 2 bis 3 Jahre,
- mittelgroße Arten 4 bis 5 Jahre,
- große Chamäleons (z.B. *Chamaeleo jacksonii xantholophus*) bis zu 10 Jahren.
- Den Altersrekord hält ein Elefantenohrchamäleon *Chamaeleo melleri*, das in Menschenobhut siebzehn Jahre alt wurde.

Lange vor dem natürlichen Tod stellen Chamäleons in einem gewissem Alter die

Fortpflanzung ein. Sie werden in ihren Bewegungen ruhiger, die Haut wirkt matter und die Augen liegen mit fortschreitendem Alter immer tiefer in den Augenhöhlen. Zum Teil können die Tiere nicht mehr schiessen, fressen aber noch aus Futterschalen oder wenn sie vom Pfleger mit der Hand gefüttert werden.

## Wachstum und Entwicklung

*Durch Gaben von Kalziumpräparaten und Vitaminen sollte versucht werden Mangelerkrankung vorzubeugen, dies gelingt aber nicht immer. Zu bedenken ist auch, dass zu hohe Kalk- und Vitamingaben ebenfalls zu Erkrankungen führen können.*

Die Jungen vieler Chamäleonarten sind sehr schnellwüchsig. Das ist bei der kurzen Lebenserwartung etlicher Arten nicht anders zu erwarten. Jungtiere viele Arten können bei überreicher Fütterung im Terrarium nach nur drei bis fünf Monaten geschlechtsreif sein.

Bewährt hat sich aber eine langsame Aufzucht durch mäßige Futtergaben. In freier Natur wachsen Reptilien aufgrund des abwechslungsreichen, oft stark schwankenden oder gar kargen, verminderten Nahrungsangebotes langsamer als im Terrarium. Vor allem den Arten aus Trockengebieten steht nur während sehr kurzer Zeitabschnitte während der Regenzeit, Nahrung im Überfluss zur Verfügung, in der übrigen Zeit müssen sie sich oft „großhungern". In Zeiten des Überflusses fressen sie sich Reserven für die Zeiten mit geringem Nahrungsangebot an. Solche Arten sind bei einem ganzjährig übermäßigem Futterangebot in Menschenhand weitaus stärker von Verfettung bedroht als Arten aus Regenwäldern.

Noch kleiner als dieses abgebildete, ausgewachsene *Brookesia*-spec.-Weibchen ist *Brookesia minima*, die kleinste Chamäleonart und vielleicht sogar die kleinste Reptilienart überhaupt.

Bei maßvoller Fütterung erreichen dennoch fast alle Chamäleons innerhalb eines Jahres die **Geschlechtsreife.** Diesen Zeitpunkt erkennt man bei vielen Arten daran, dass sie sich Umfärben. Zur Tarnung tragen Jungtiere meist einfache Musterungen auf einfarbigem, meist braunem oder grünem Hautuntergrund. Jungtiere können sich bei Hitze aufhellen oder bei Stress dunkel färben, sie sind aber noch nicht fähig, leuchtende, farbige Muster zu erzeugen. Geschlechtsreife Chamäleons besitzen dagegen eine große Farbpalette und erstrahlen bei der Balz in einem „Feuerwerk" der Farben.

## Haut

Die Haut der Chamäleons besteht wie bei allen Echsen aus drei Schichten: Oberhaut (Epidermis), Lederhaut (Cutis) und Unterhaut (Subcutis). Die **Oberhaut** wiederum besteht aus mehreren Zelllagen, wobei nur die Zellen der untersten Schicht (das Stratum germinativum) ihre Teilungsfähigkeit zeitlebens beibehalten. Da die äußerste Hautschicht nur noch aus toten, verhornten, „keratinisierten“ Zellen besteht, können Schäden oder Abnutzungen nicht mehr ausgebessert werden. Deshalb müssen sich Echsen in bestimmten Zeitabständen häuten und die schützende Außenhaut erneuern.

Die Haut, das **Schuppenkleid** der Reptilien ist drüsenarm und daher sehr trocken und fest. Neben dem Schutz vor mechanischer Beschädigung bietet sie einen guten Verdunstungs- und Wärmeschutz. Die Schuppen der Chamäleons sind in Größe und Form sehr vielgestaltig. Man unterscheidet u.a. Standard-, Tuberkel-, Platten-,

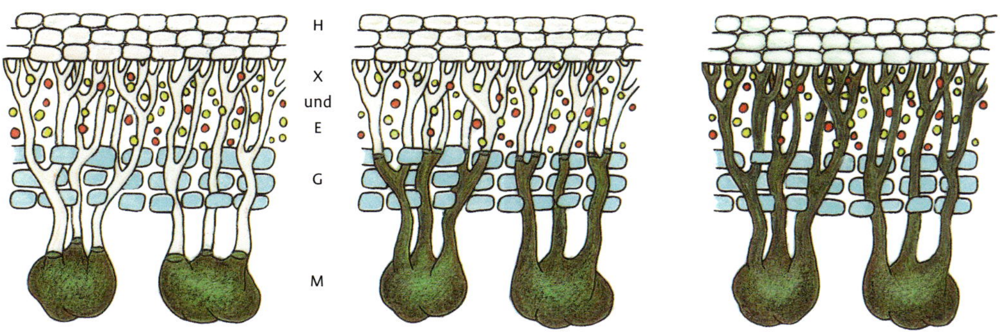


Vereinfachte Darstellung des Farbwechsels.
H = Hornhaut,
X = Xanthophoren (gelb),
E = Erythrophoren (rot),
G = Guanophoren,
M = Melanophoren.

Halbmond-, gekielte, ungekielte oder konische Schuppen. In der **Lederhaut** liegen Blutgefäße, Nerven, Hautmuskeln sowie die für Chamäleons typischen, drei spezialisierten Typen von Farbzellen (Chromatophoren, deren Zellplasma Farbstoffe enthält), die für die erstaunliche Fähigkeit zum **Farbwechsel** der Chamäleons verantwortlich sind. Direkt unter der Hornhaut liegen Xanthophoren und Erythrophoren, die gelbe oder rote Pigmente enthalten. In beiden Farbzelltypen können durch Pigmentverlagerung unterschiedlich intensive Farbtöne erzeugt werden.

Darunter folgt eine Schicht mit Guanophoren, diese Farbzellen enthalten farbloses, kristallines Eiweiß (Guanin). Sie erzeugen blaue Farbtöne, aber nicht durch Pigmente und deren Verlagerung, sondern durch Lichtbrechung. Es folgen in der untersten Hautschicht, die im Vergleich zu den anderen Farbzellen relativ großen Melanophoren. Sie enthalten das schwarze Pigment Melanin und entsenden fingerförmige Ausläufer zwischen die darüberliegenden Farbzellen, den Guanophoren, Xanthopohren und Erythrophoren. Durch die unterschiedlichen Möglichkeiten des Zusammenspiels der Chromatophoren mit in den Melanophoren kommt es zu Farbänderungen. Die Umfärbung ist eine Reaktion auf Reize der Hauptrezeptoren und Sinnesorgane. Sie wird durch Hormone des Nervensystems gesteuert und erfolgt bei gesunden kräftigen Tieren relativ schnell.

## Das Farbenspiel

Leuchtende Farben sowie die Fähigkeit zum Farbwechsel zählen zu den bekanntesten und faszinierendsten Erscheinungsformen der Chamäleons. Jede Chamäleonart besitzt nur eine art- und geschlechtsspezifisch begrenzte Farbpalette und bestimmte Zeichnungsmuster. Die Farben und Muster dienen vor allem der innerartlichen Kommunikation, nicht nur der Tarnung. Da Chamäleons, außer dem guten Sehsinn nur recht unterentwickelte Sinne besitzen, haben sie eine visuelle Sprache entwickelt, um mit ihren Artgenossen auch über weite Distanzen kommunizieren zu können.

*Wenn sich zwei Tiere begegnen, zeigen die Tiere erst Farben und Muster, die sie bei Einzelhaltung niemals zeigen: z.B. Weibchen ihre Paarungsbereitschaft, bzw. -unwilligkeit oder Trächtigkeit. Männchen „erblühen" in den schönsten Farben, um das Weibchen zu beeindrucken und zu animieren. Sie tragen auch schillernde Farben, um Widersacher einzuschüchtern, sie zum Duell aufzufordern oder die Unterlegenheit gegenüber dem stärkeren Gegner anzuzeigen und ihn durch diese Demutssignale zu besänftigen.*

Relativ leicht auch für den Pfleger zu verstehen sind Färbungen, die von **äußeren Faktoren** beeinflusst oder ausgelöst werden, diese sind:

**Temperatur.** Als wechselwarme Tiere sind Chamäleons von der Außentemperatur abhängig. Dabei wärmen sich dunkle Körper schneller auf als helle. Morgens oder an kühlen Tagen sind Chamäleons dunkel gefärbt, je kühler desto dunkler, um schneller auf die Körpertemperatur zu kommen. Mit steigenden Temperaturen werden Chamäleons immer heller. Die Wärmeeinstrahlung wird größtenteils reflektiert damit der Körper nicht überhitzt.

**Tageszeit.** In der Nacht während des Schlafes färben sich viele Chamäleons sehr hell. Bei Tageslicht sind sie dunkler, kräftiger gefärbt. Während des Tagesverlaufs bedingen dann innere wie äußere Faktoren die wechselnden Färbungen.

Zu den **inneren Faktoren** zählen neben dem Gemütszustand der Tiere auch folgende:

**Gesundheitszustand.** Der Farbwechsel verbraucht Energie. Während gesunde Chamäleons meist sehr intensive, oft deutlich hervorstechende und sauber abgegrenzte Farben und Muster tragen, Grün- und Brauntöne mit häufig schönen weißen Zeichnungelementen, wirken geschwächte oder erkrankte Tiere stumpf und blass, häufig auch grau bis grüngelblich. Auch die Zeichnung ist bei kranken, geschwächten Tieren meist unscharf oder verschwommen. Da Chamäleons jedoch kurz vor ihrem Ableben oft noch ein letztes Mal in

„voller Farbenpracht erblühen“ ist neben der Färbung auch auf den Allgemeinzustand zu achten.

**Trächtigkeit.** Trächtige Weibchen besitzen in dieser Zeit eine artspezifische, oft sehr bunte Trächtigkeitsfärbung mit Farb- und Zeichnungselementen, die sonst nicht zu sehen sind.

**Stress.** Viele Chamäleonarten zeigen in Stresssituationen über den gesamten Körper verteilt dunkle Punkte. Erregte, von der Anwesenheit der Männchen gestresste, trächtige Weibchen zeigen häufig sehr bunte, kräftige Farben und/oder Muster bzw. färben sich fast einfarbig dunkel – sie ärgern sich im wahrsten Sinne des Wortes schwarz. Bleibt ein vergesellschaftetes Tier über mehrere Stunden dunkel gefärbt, muss der Pfleger eingreifen und es von den anderen Tieren trennen.

**Bedrohungssituation.** Tagsüber sitzen Chamäleons hervorragend getarnt in der Vegetation ihres Lebensraumes. Sie sind durch ihre Färbung und die den Umriss des Körpers auflösende Zeichnungselemente (Flecken, Streifen oder unterschiedlich gefärbte Bänder am Körper) selbst bei genauem Hinsehen kaum zu erkennen. Diese Tarnung macht sie nicht nur für Feinde unsichtbar, sondern auch auf der Jagd für die Beutetiere. Sind Chamäleons satt und völlig entspannt, besitzt jedes Tier eine spezifische Alltagsfärbung und Musterung.

## Häutung

Während sich bei Vögel und Säugetieren die Haut ständig, Zelle für Zelle einzeln schuppt, müssen sich Chamäleons, wie alle Reptilien, häuten, wenn sie wachsen oder um beschädigte Hautpartien zu ersetzen. Einige Reptilien, darunter auch Chamäleons, häuten sich in mehr oder weniger großen Fetzen. Schlangen dagegen, streifen ihre Haut in einem einzigen Stück ab.

*Häuten sich Tiere immer schlecht oder unvollständig, sind oft Haltungsfehler (falsche, meist unzureichende Luftfeuchtigkeit oder Vitaminmangel durch unausgewogene, falsche Ernährung) sowie Erkrankungen die Ursachen.*

Bei der Häutung wird immer nur die äußerste Oberhautschicht, nicht die mehrschichtige Haut als Ganzes abgestoßen. Der **Beginn der Häutung** kündigt sich an, wenn die Farben der Tiere stumpf werden und verblassen. Ursache dafür ist die Bildung einer Trennschicht zwischen der alten Oberhautschicht und der darunter neu entstandenen Hautschicht, die anfangs mit Flüssigkeit und später mit Luft gefüllt ist. Daraufhin beginnt sich die Haut an verschiedenen Stellen zu lösen. Häufig versuchen die Echsen, dieses Ablösen der Haut durch Scheuern an Einrichtungsgegenständen, Zupfen mit den Gliedmaßen oder durch Auffressen der Hautreste zu unterstützen. Böhle (schriftliche Mitt.) hat beobachtet, dass ein männliches Jemen-

Echte Chamäleons der Unterfamilie der Chamaeleoninae häuten sich oft in Fetzen, Arten der Unterfamilie der Brookesiinae meist an einem Stück.

chamäleon die Hautfetzen eines sich in der Häutung befindliches Weibchens vorsichtig abzupfte.

Bei Jungtieren ist die Häutung meist innerhalb weniger Stunden beendet, während sie sich bei erwachsenen Tieren in Etappen über einige Tage hinweg ziehen kann. Jungtiere häuten sich aufgrund ihres zügigen Wachstums öfter als ausgewachsene Tiere.

## Verhalten und Körpersprache

Nicht nur an der Färbung, sondern auch am Verhalten kann der Gemütszustand eines Chamäleons erkannt werden. **Scheue** Tiere flachen ihren Körper ab und versuchen sich unsichtbar zu machen, in dem sie sich hinter Ästen und Zweigen verbergen. Bei **Erregung** wird der Körper ebenfalls stark abgeflacht, es werden zusätzlich wippende Bewegungen vollführt, um beispielsweise sich nähernde Artgenossen zu warnen. Kommt ihnen dieser dennoch weiter näher, krümmen sie ihren Körper oft halbkreisförmig, der Kopf ist dabei dem Gegner zu gewandt. Einige Tiere richten beim Drohen den Vorderkörper auf (siehe Seite 89). Arten mit „Ohren", den Hinterhauptslappen, spreizen diese nach vorn ab, um den Störenfried einzuschüchtern. Damit machen sich die Tiere größer, als sie eigentlich sind. Nähert sich der Gegner trotzdem weiter an, vollführen sie mit dem Kopf ruckartige Stoßbewegungen in dessen Richtung und letztlich drohen sie mit geöffnetem Maul. Dabei geben viele Chamäleonarten fauchende Laute von sich. Wenn Scheinattacken nicht helfen, beißen sie auch zu, wie beispielsweise Weibchen, um aufdringliche Männchen abzuschrecken oder den Pfleger, wenn er versucht, sein Tier zu greifen.

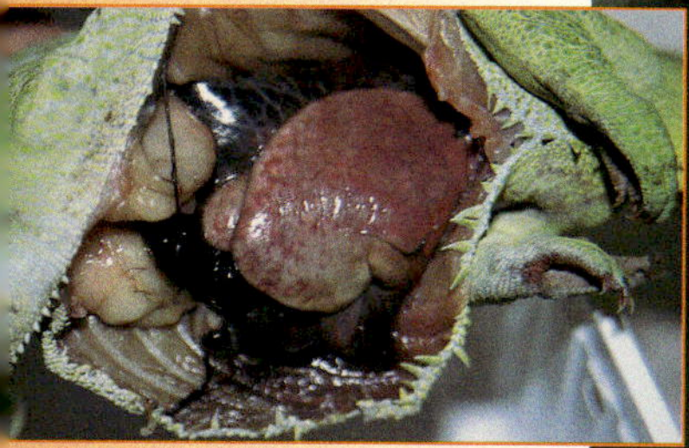

# Ernährung und Gesundheit

Chamäleons ernähren sich hauptsächlich von tierischen Organismen. Nur von einigen wenigen Arten ist bisher bekannt, dass sie auch gelegentlich Pflanzenteile fressen.

## Richtige Fütterung

*Die Qualität frisch gekaufter Futtertiere ist nicht immer die Beste. Deshalb sollten diese immer wenigstens zwei Wochen lang mit wertvollen Futtergaben (wie Wildkräutern, Obst, Gemüse und Kleiemischungen) versorgt werden, bevor sie den Chamäleons verfüttert werden.*

Die Nahrung der Chamälons in freier Natur besteht hauptsächlich aus Insekten. Bei vielen Terrarianern beschränkt sich die Futterbeschaffung darauf, Futtertiere (häufig gar nur eine Sorte, wie zum Beispiel Heimchen) zu kaufen. Der Protein- und Fettgehalt von frisch gekauften Futterinsekten ist aber sehr oft zu hoch und ihr Vitamin- und Ballaststoffgehalt zu gering. Deshalb sind bei einseitiger Fütterung ernährungsbedingte Krankheiten (Verfettung oder Organschäden) bei der Haltung von Reptilien, auch von Chamäleons, eine sehr häufige Krankheits- oder Todesursache. Zu reichliche Fütterung führt nicht nur zu Organausfall und damit zum plötzlichen Tod, sondern fördert träges und passives Verhalten. Häufig produzieren zu üppig ernährte Weibchen ein übergroßes Gelege nach dem anderen, zehren sich durch die „Dauerträchtigkeit" und große Eizahl stark aus, wodurch ihre Lebenserwartung rapide sinkt. Zu proteinreiche Nahrung führt vor allem in Kombination mit zu trockener Haltung zur Einlagerung von Harnsäuresalzen in den Nieren und damit zum Tod der Tiere. Aber auch Gelenkgicht und Eingeweidegicht können die Folge sein.

### Wie oft füttern?

Adulte Tiere werden nicht täglich, sondern nur zwei bis drei mal wöchentlich mit Maß gefüttert. Ausgewachsene, gesunde, kräftige Chamäleons können auch einmal ein bis zwei Wochen lang (wie über ein langes Wochenende oder während eines Kurzurlaubes) ganz ohne Futter auskommen. Die Wasserversorgung muss jedoch stets gewährleistet sein.

Weibliche Tiere werden während der **Trächtigkeit und Jungtiere** in den ersten vier bis acht Lebenswochen regelmäßig, eventuell täglich, reichlich gefüttert. Aber auch ihnen schaden ein bis zwei Fastentage pro Woche nicht. Werden Jungtiere nach den ersten Lebenswochen aber weiter zu reichlich gefüttert, führt das schnelle, explosionsartige Wachstum häufig, trotz Kalk- und Vitamin $D_3$-Gaben zu rachitischen Missbildungen.

### Futtertiere

Chamäleons sind in freier Natur nicht sehr wählerisch. Sie fressen alle Arten von maulgerechten Gliedertieren, wie Insekten oder

Zur Veredelung der Futtertiere sollten diese mit gehaltvoller Nahrung wie beispielsweise Wildkräutern ernährt werden.

Spinnentiere. Aber auch Regenwürmer, Kellerasseln, Gehäuse- und Nacktschnecken, je nach Art und Körpergröße sogar kleinere Reptilien, Kleinsäuger und Vögel werden gelegentlich erbeutet. Einen besonderen Futterreiz üben fliegende, flatternde Insekten und sich heftig bewegende Futtertiere wie Fliegen, geflügelte Ameisenköniginnen, Falter, die grüne Schabe *Panchlora nivea* sowie Raupen und frisch gehäutete, weiße Käferlarven aus.

**Wichtig**
In Naturschutzgebieten ist das Keschern nicht gestattet und es dürfen keine geschützten Insekten, zum Beispiel seltene Schmetterlinge, gefangen und verfüttert werden.

Falls die Möglichkeit besteht, kann in den Sommermonaten **„Wiesenplankton“**, diverse Insektenarten von naturbelassenen Wiesen, gekeschert und anschließend verfüttert werden. Bei der Wahl der Fangplätze ist darauf zu achten, dass dort keine hohen Schadstoffbelastungen vorliegen, also nicht direkt am Rand stark befahrener Straßen keschern. Auch muss darauf geachtet werden, dass nicht in nächster Nähe Insektizide versprüht wurden, etwa auf Feldern, in Obstbaumplantagen oder Weinbergen. Beim Verfüttern von frisch gefangenen Futtertieren von der grünen Wiese, kann auf eine Zugabe von Vitamin-Kalk-Präparaten verzichtet werden.

**Tipp**
Reichern Sie Ihre frisch gekauften Futterinsekten an, in dem Sie sie zwei Wochen lang mit hochwertigen Futtermitteln und mit Vitamin-Mineral-Mischung versorgen.

Futtertiere können auch selbst gezüchtet oder im Zoohandel gekauft werden. Im gut sortierten Fachhandel sind heute das ganze Jahr über verschiedene Futtertiere (Grillen, Heimchen, Wanderheuschrecken, Fruchtfliegen, Schaben, Wachsmaden, Mehlwürmer, *Zophobas* und Kleinsäuger) erhältlich.

Gegenüber der Vielfalt der Insektenarten im Wiesenplankton ist dieses Angebot aber sehr einseitig. Frisch gekaufte Insekten sollten regelmäßig vor ihrer Verfütterung mit Kalk- oder Vitamin-Kalk-Präparaten bestäubt werden, jedoch nicht jedesmal, denn auch Vitaminüberdosen können die Gesundheit der Tiere beeinträchtigen.

Die richtige Ernährung der Terrarientiere erschöpft sich nicht nur im Kauf der verschiedensten Futtertiere und deren Anreicherung mit Vitaminen und Kalk, sondern fängt schon bei der Ernährung der Futtertiere selbst an. Gekaufte Futterinsekten sollten deshalb etwa zwei Wochen vor dem Verfüttern mit hochwertigen Futtermitteln „veredelt" werden. Die Futterinsekten werden deshalb mit Wiesenkräutern, verschiedenen Gemüsesorten, frischen Keimlingen, Haferflocken, Obst, Kleiesorten und Vitamin-Kalk-Mischungen gefüttert. Frucht- und Stubenfliegen können mit Tropfen von vitaminisierten, dünnflüssigen Obstbreien und -säften gehaltvoller gemacht werden.

**Bei der Auswahl der Größe der Futtertiere bedenken:** Viele kleine Futterinsekten bieten Ihrem Chamäleon einen höheren Ballaststoffgehalt als wenige große. Darum an erwachsene Chamäleons nicht immer nur große Grillen, Rosenkäferlarven oder gar Kleinsäuger verfüttern.

Häufig wird bei Terrarientieren, nicht nur bei Chamäleons, festgestellt, dass sie „schleckig" werden und bisher beliebte Futtertiere plötzlich verschmähen. Oft fressen sie dann mit Heißhunger gerade die Tiere, die wegen ihres relativ hohen Fettgehaltes ungesünder sind, etwa Wachsmaden. Dann darf auf keinen Fall aus Angst, die Tiere könnten verhungern oder aus Bequemlichkeit nur noch diese eine Futtersorte angeboten werden. Im Gegenteil, durch kurze Fastenperioden kann man die Tiere dazu bringen, wieder andere Futtertiere zu fressen. Große, erwachsene Chamäleons schiessen bei der Fütterung mit Wiesenplankton übrigens nicht nur die größten Tiere, sondern sogar auch gern kleine. In ihren natürlichen Lebensräumen bleibt ihnen auch meist keine andere Wahl als jede Futterquelle auszunutzen.

## Futterpflanzen

Einige Chamäleonarten ernähren sich gelegentlich auch phytophag, sie verzehren Pflanzenteile. Bevorzugt werden farbige Blüten (gelbe und rote) und weiche Früchte, wie Weintrauben, vollreife Äpfel, Pflaumen, Zitrusfrüchte und rote Beeren. Einige Tiere fressen auch weiches Gemüse, wie Tomaten, frische grüne Blätter und Triebe von Terrarienpflanzen (*Scindapsus, Monstera, Ficus benjamini, Zebrina pendula*). Blätter diver-

**Tipp**
Chamäleons fressen gelegentlich auch pflanzliches Futter, bieten Sie verschiedenerlei vegetarische Nahrungsmittel an und finden Sie selbst heraus, was Ihre Tiere mögen.

ser Salatsorten oder vom Löwenzahn können klein geschnitten in an Ästen befestigten Futterschalen angeboten werden. Pflanzenteile kann man auch am Stück an Ästen festbinden. Zutraulichen Chamäleons können bei der Fütterung von der Hand auch gelegentlich vegetarische Futterbrocken untergeschoben werden. Erstaunlicherweise fressen einige Chamäleons sogar Blätter von giftigen Pflanzen wie Dieffenbachien, ohne Schaden zu nehmen. Eine übermäßige, geradezu auffällige Aufnahme von Pflanzenteilen dagegen kann auf zu geringer Wasserversorgung oder Futtermangel beruhen.

## Futter ist nicht alles

In der Literatur wird oft angeführt, Chamäleons hätten einen wesentlich höherer Bedarf an Zusatzstoffen wie Vitaminen und Mineralien als andere Reptilien. Necas (1999) spricht bei Chamälons von einem 10-mal höheren Vitamin- und Mineralbedarfbedarf als bei anderen Echsen. Diese These wird in jüngster Zeit immer wieder zur Diskussion gestellt, denn sie gründet wohl vor allem auf Erfahrungen und Beobachtungen bei frisch importierten, geschwächten Tieren, trächtigen Weibchen, gestressten oder kranken Tieren sowie bei der Aufzucht schnell wachsenden Arten.

*Auch ein Flüssigkeitsmangel kann die Ursache für Nahrungsverweigerung sein. Lediglich bei hochträchtigen Weibchen ist Nahrungsverweigerung völlig normal.*

### Vitamine und Mineralien

Ein höherer Vitamin- und Mineralstoffbedarf gilt aber nicht für alle Chamäleonarten und Altersstufen. Besonders häufig kommt es bei der Aufzucht von schnellwüchsigen Arten oder bei trächtigen Weibchen trotz Vitamin-Kalkbestäubung der Futtertiere zu rachitischen Veränderungen und zwar meist, wenn zu einseitig oder überreichlich gefüttert wurde. Eine rachitische Erkrankung, trotz der Bestäubung der Futtertiere, wird dann auf einen erhöhten Vitamin- und Kalkbedarf zurückgeführt. Ob dies tatsächlich an erhöhtem Bedarf von Zusatzstoffen oder doch mehr an der mangelnden Qualität des Futters oder am zu schnellen Wachstum der Jungtiere liegt, ist noch nicht klar. Erfahrungen zeigen aber, dass auch Jungtiere schnellwüchsiger Arten (wie Jemen- oder Panterchamäleons) bei nur zwei bis drei mäßigen Fütterungen je Woche mit hochwertigen Futtertieren zwar relativ spät, mit acht bis zehn statt mit drei bis fünf Monaten geschlechtsreif werden, aber

**Hinweis**
Neben der Mineralstoffversorgung über eingestäubte Futtertiere wird Reptilien generell Kalk in Form von Eierschalenbröseln, Sepiaschulpstückchen oder feinem Muschelgrit angeboten. Denn bei Mineralstoffmangel fressen Reptilien aktiv große Mengen des Bodensubstrates, was im Übermaß zu Darmverschluss und zum Tod des Pfleglings führen kann.

vergleichsweise wenige Tiere Organschäden oder rachitische Missbildungen aufweisen. Zweifellos besteht auf diesem Gebiet noch großer Forschungsbedarf.

Am besten für Chamäleons ist es, wenn die Vitamine und Mineralstoffe wie in freier Natur über die Futtertiere aufgenommen werden. Wichtig ist daher, so vielseitig wie möglich, also viele unterschiedliche und hochwertige Futtertiere zu verfüttern. Wer seine Futtertiere selbst züchtet oder seinen Chamäleons artenreiches Wiesenplankton zur Verfügung stellt, kann auf Zusätze verzichten.

## UV-Licht

Die Bedeutung der UV-Bestrahlung bei Chamälons zur Gewährleistung der Vitamin $D_3$-Synthese in der Haut wird bei den Terrarianern heftig diskutiert. Immer wieder ist in der Literatur zu lesen, dass Pfleger Chamälons, auch ohne UV-Licht-Einsatz, nur mit Vitamin-$D_3$-Gaben erfolgreich halten und aufziehen.

*Mit zunehmendem Alter lässt nicht nur die Licht- sondern auch die UV-Lichtabgabe von Leuchtmitteln nach. Daher sollten diese etwa jedes halbe Jahr ausgetauscht werden, um die UV-Lichtversorgung der Tiere sicherzustellen. Es ist empfehlenswert, die UV-B-Abgabe der Leuchtmittel mit einem UV-Messgerät regelmäßig zu kontrollieren.*

Auch hier stellt sich wie bei der Vitamin- und Mineralienversorgung sofort die Frage nach der richtigen Dosierung und Kontrolle der Vitamin-$D_3$-Aufnahme. Für Reptilien wird daher die Freilandhaltung an sonnigen Tagen oder über die Sommermonate sehr empfohlen. Dabei sind neben dem UV-Lichtanteil des Sonnenlichtes die frische Luft und der Temperaturwechsel positive Faktoren für die Gesundheit der Tiere.

Auch im Terrarium sollten Chamäleons stets die Möglichkeit haben, sich unter einer UV-Quelle zu sonnen, also instinktiv auf das Licht reagieren zu können. Für den ganztägigen Einsatz eignen sich Leuchten mit einer geringen UV-Lichtabgabe, wie HQI- und HQL-Lampen oder spezielle Leuchtstoffröhren für Reptilien. Leuchtmittel, die eine intensive UV-Lichtabgabe und eine hohe Wattzahl (UV-Therapiestrahler mit der Osram Ultra-Vitalux, 300 W) besitzen, dürfen nur aus größerer Entfernung (etwa ab 0,7 bis 1 m) kurzzeitig betrieben werden. Je nach Alter und Lichtempfindlichkeit der jeweiligen Art, genügen zwei Lichtgaben wöchentlich (mit zehn Minuten beginnen und allmählich auf bis zu 30 Minuten steigern). Sonnenhungrige Arten können täglich, ebenfalls mit zehn Minuten beginnend und langsam gesteigert bis zu einer Stunde, bestrahlt werden. Dabei müssen den Tieren jedoch stets auch strahlungsfreie Rückzugsmöglichkeiten offen stehen, um Strahlungsschäden zu vermeiden.

*Im Auge des Jemenchamäleons wurden nach Ott (2004) UV-Rezeptoren festgestellt, d.h. Chamäleons sind in der Lage, UV-Licht wahrzunehmen.*

## Wasser

Chamäleonarten aus trockeneren Gegenden sollten ein bis zwei Mal, Arten aus Regenwäldern drei bis vier Mal täglich mit Trinkwasser versorgt werden, indem man die Terrarien mehrere Minuten lang

*Wichtig bei der Chamäleonpflege ist den Tieren ausreichend Wasser anzubieten, etwa mit Pipetten oder Tropftränken. Für Jungtiere mögen die sich nach oberflächlichem Sprühen an den Blattspitzen sammelnden Wassertropfen noch ausreichen, um ihren Wasserbedarf zu decken, nicht jedoch für mittlere und größere Tiere. Denn diese sind nur „ein Tropfen auf den heißen Stein" im Vergleich zu den oft stundenlang anhaltenden, kräftigen tropischen Landregen, die es den Tieren ermöglichen, ausreichend Wasser „zu tanken".*

mit temperiertem Wasser besprüht. Man sollte die Tiere dabei nicht direkt ansprühen, um sie nicht zu stressen, aber ein versehentliches Duschen verkraften sie schon, denn in ihrer Heimat kommen Chamäleons bei heftigen Regenschauern wohl auch kaum trocken davon.

Chamäleons lecken am liebsten **bewegtes Wasser**, wenn es an Blättern herunter läuft oder sich in dicken Tropfen an Einrichtungsgegenständen, Scheiben, Ästen und Blättern des Terrariums sammelt. Stehendes Wasser in Schalen interessiert sie kaum. Die meisten lernen schnell, aus Tropftränken oder von Pipette zu trinken. Besonders wenn nicht regelmäßig gesprüht werden kann, gibt man Wasser mit der Pipette. Hierbei können auch gleich Vitamine gereicht werden. Diese Art der Wassergabe ist besonders bei frei im Zimmer lebenden Tieren notwendig. Denn in beheizten Räumen ist die Luftfeuchtigkeit in der Regel zu gering. In einer fortwährend trockenen Umgebung aber verlieren die Tiere viel Feuchtigkeit über Atemwege und Haut. Können sie dieses Defizit nicht ausgleichen, trocknen sie allmählich aus und sterben dann plötzlich an Nierenversagen, verursacht durch Harnstoffausfällung in der Niere (Nierengicht).

Ein eingestellter Zimmerbrunnen im Terrarium oder ein permanenter Wasserfluss an einer Rückwand des Terrariums ermöglicht es den Tieren, sich selbstständig mit Wasser zu versorgen. Das im Umlauf befindliche Wasser muss stets frisch und nicht stark keimbelastet sein, deshalb den Zimmerbrunnen nicht nur auffüllen, sondern regelmäßig komplett säubern. Chamäleons aus dem Lebensraum Regenwald oder Gebieten mit längeren Regenzeiten sollten trotz Pippettentränkung und regelmäßigem Sprühen im Terrarium durchaus alle ein bis zwei Wochen einmal einen ganzen Tag lang,

Chamäleons, hier ein Helmchamäleon-Weibchen der gelbköpfigen Variante, lernen schnell, Wasser aus Pipetten oder Tropftränken aufzunehmen.

etwa am Wochenende „beregnet“ werden. Dazu kann in „automatisierten“ Terrarien mit Grundabfluss die Beregnungsanlage dann mehrere Stunden laufen. In Terrarien ohne Abfluss werden tropfende Wasserspender angebracht. Hierzu eignen sich Kleintiertränken und Kunststoffflaschen, in die mit einer Nadel ein Loch gestochen wird, um sie damit zum Tropfen zu bringen. Die Tropftränke wird über ein mit Kies (damit die Chamäleons nicht ertrinken) gefülltes Reservoir, zum Beispiel einen Übertopf oder ein Kleinaquarium gehängt. Der Flascheninhalt wird so abgemessen, dass dieses Sammelbecken den Flascheninhalt aufnehmen kann, so können die Tiere über Stunden hinweg trinken und haben täglich frisches Wasser, in das auch Vitamine gemischt werden können.

## Auf die Haltung kommt es an

Damit Chamäleons im Terrarium gesund bleiben, sollten die Haltungsbedingungen so gestaltet sein, dass sie so weit als irgend möglich die natürlichen Bedürfnisse der Tier erfüllen. Dies ist umso wichtiger, weil es sich bei vielen im Handel erhältlichen Chamäleons um Wildfänge handelt, die sich nicht über viele Generationen an die Pflege in Menschenobhut angepasst haben.

### Frische Luft

In zu kleinen Behältern mit Standardlüftungsflächen entsteht ungesunde stickige und keimbelastete Stauluft. In der Natur sorgen Regenfälle und Tau- und Nebelkondensationen für eine Reinigung (starke Keimausfällung) der Luft. In Wohnräumen fehlt den Chamäleons aus höheren Lagen vor allem im Sommer eine ausreichende Nachtabkühlung. Beides schwächt ihr Widerstandskraft und wenn die Tiere krank werden, wird das oft mit dem Mangel an Frischluft erklärt. Erfahrungen von Pflegern im Umgang mit Großterrarien von ein bis zwei Kubikmetern Rauminhalt zeigen, dass diese sich trotz relativ kleiner Drahtgazelüftungsflächen auch die für die Haltung von als kompliziert angesehenen Arten sehr gut eignen. Voraussetzung ist, dass die Grundtemperatur des Terrarienraumes nur bei 10 bis 15 °C liegt. Bei der Pflege von Chamäleons aus dem Lebensraum Bergwald empfiehlt sich zur Verringerung der Keimbelastung der Luft, im Großterrarium oder

Die **Größe der Lüftungsflächen** ist dann richtig, wenn nach dem Sprühen
- ein **Trockenterrarium** nach etwa einer halben bis einer Stunde wieder abgetrocknet ist;
- ein **Feuchtterrarium** etwa nach zwei Stunden;
- im **Regenwaldterrarium** sollte daher mindestens zwei bis drei Mal täglich gesprüht werden.

im Raum, in dem das Terrarium steht, Luftfilter und/oder Ionisatoren zu installieren.

*Bei der Aufzucht von Jungtieren sollte unbedingt darauf geachtet werden, dass die Temperaturen in den Aufzuchtterrarien nicht die Höchstwerte wie bei der Pflege der ausgewachsenen Tiere erreichen. Die Luftfeuchtigkeit sollte dagegen aber etwas höher liegen.*

Bei der Jungtieraufzucht sind großzügige Lüftungsflächen oder Drahtgazebehälter sehr wichtig. Die Jungtiere vieler Arten sind wesentlich kühler als ihre Eltern zu halten, um Hitzeschäden vorzubeugen, die sofort zum Tod der Jungtiere führen. Erd-, Blatt- und Stummelschwanzchamäleons der Unterfamilie *Brookesiinae* können dagegen problemlos in normal belüfteten Standardterrarien gepflegt werden. In Feucht- oder Regenwaldterrarien wird durch die Größe der Lüftungsflächen neben der Temperatur vor allem die relative Luftfeuchtigkeit gesteuert. Je größer die Fläche der Lüftungsgitter, desto weniger kann eine hohe Luftfeuchtigkeit gehalten werden und umso schneller sinkt sie nach dem Sprühen wieder.

## Bewegung

Chamäleons sitzen nicht, wie oft angenommen wird, nur still da und warten, bis ihnen die Beute vor das Maul läuft. Dieses Verhalten zeigen meist übergewichtige Tiere in zu kleinen Terrarien. Wenn Chamäleons jedoch frei in einem Gewächshaus, Wintergarten oder mehrere Kubikmeter großen Terrarium leben, streunen selbst viele, als ruhig geltende Arten während des Tages in ihrem Lebensraum umher. Selbst sehr standorttreue Chamäleons bewegen sich auf der Partner- oder Nahrungssuche einige Meter horizontal oder vertikal. Ihr Revier umfasst vielleicht nur wenige Quadrat- oder Kubikmeter, dennoch ist dies meist deutlich mehr Raum, als viele Pfleger ihren Tieren zu Verfügung stellen können.

Gesunde Chamäleons sind kräftig gefärbt, deutlich gezeichnet und sie beobachten aufmerksam ihre Umgebung.

## Haltungsschäden und ihre Behandlung

Die im Handel angebotenen Chamäleons sind vorwiegend Wildfänge. Sie sind oft von Parasiten, Kommensalen und Keimen befallen. Bei schwachem oder mäßigem Befall zeigen die Tiere anfangs meist keine Symptome. Unter Terrarienbedingungen dann, aufgrund des eingeengten Lebensraumes, fehlendem UV-Licht, unhygienischer Haltung, geringer Luftzirkulation oder zu hoher Dichte an Krankheitserregern kann es aber zu einer massiven Vermehrung der Erreger kommen. Weitere negative Faktoren sind Fang- und Transportstress, nicht artgerechte Pflege oder falsche Vergesellschaftung. All diese Faktoren können einzeln oder in Kombination zu einer Verschiebung des Gleichgewichtes zwischen Wirt und Parasit und damit zum Ausbruch der Erkrankung führen. Dies gilt nicht nur für Wildfänge, sondern auch für Nachzuchten.

*Neu hinzugekommene Chamäleons sollten generell gründlich tierärztlich untersucht und zur Beobachtung mehrere Wochen in Quarantäne gehalten werden.*

Bei **Neuzugängen** ist die Einhaltung einer mehrwöchigen **Quarantänezeit** und das Einreichen von Kotproben zur Untersuchung durch einen Tierarzt oder einem tiermedizinischem Institut eindringlich zu empfehlen. Bei **Verhaltensabweichungen** sollte man bald nach den Ursachen forschen. Sich anbahnende Erkrankungen lassen sich bei rechtzeitiger Diagnose gut behandeln. Im späteren Stadium, wenn körperliche Reserven aufgebraucht sind, ist eine Heilung kaum mehr möglich. Trotz großen Fortschritten in der Therapie von Reptilienerkrankungen gilt immer noch der Satz: „Ein krankes Chamäleon ist fast immer ein totes Chamäleon.“ (Schmidt 1999).

Man sollte auf jeden Fall Spezialisten, auf Reptilien spezialisierte Tierärzte und Institute zu Rate ziehen, denn wahllose Anwendung von allerlei Medikamenten schadet eher als es hilft. Vor allem fördert man so Resistenzen in Erregerstämmen gegen bestimmte Wirkstoffe. „Viel hilft viel“ kann dem Tier das Leben kosten.

*Nach einer Behandlung mit Antibiotika hat sich zum Aufbau der Darmflora die Gabe von Bird Bene Bac, eine Mischung aus verschiedenen nützlichen Darmbakterien, bewährt.*

### Quarantäne

Neu erworbene Tiere sollten mindesten sechs bis acht Wochen separat von anderen Tieren in einem **Quarantäneterrarium** bleiben. Während der Quarantänezeit sollten mindestens zwei frische Kotproben zur Diagnose an den Tierarzt oder ein auf die Diagnostik von Heim- und Terrarientierkrankheiten spezialisiertes Institut eingeschickt werden. Das Quarantäneterrarium muss leicht zu reinigen und zu desinfizieren sein. Die Einrichtung muss praktikabel und auf das Notwendigste beschränkt bleiben. Es genügen einige Kletteräste, Kunststoffpflanzen und eine Tränke. Kunstrasen, Zeitungs- oder Küchenpapier sind gut als Bodeneinlage, die täglich gewechselt werden muss, geeignet.

*Gesunde Tiere sind munter, aufmerksam und beobachten ihre Umgebung aufmerksam.*

## Krankheiten und Vorbeugung

Die genaue Diagnose vieler Erkrankungen fällt auch erfahrenen Terrarianern oft schwer. Symptome wie Durchfall, Gewichtsabnahme, Apathie oder Nahrungsverweigerung sind sehr unspezifisch und deuten nicht automatisch auf bestimmte Erreger hin. Solche sind meist nur durch Abstriche, Kultur- oder Anreicherungsverfahren, spezielle Anfärbungsmethoden oder unter dem Mikroskop eindeutig zu identifizieren.

Viele Erreger sind bereits gegen bestimmte Medikamente resistent und deshalb kann eine Medikamentengabe ohne Resistenztest fehl

**Gesundheitscheck vor dem Kauf**
Beachten Sie beim Erwerb eines Chamäleons folgende Dinge:

- Sind die Tiere **munter** und beobachten sie ihre Umgebung konzentriert? Oder sitzen sie nur apathisch mit geschlossenen Augen auf Ästen oder am Boden und reagieren nur auf „Anschieben"?
- Sind sie **sehr fett**, so dass sie sich nur mühsam bewegen können? Oder sind sie **abgemagert** und ausgetrocknet? Treten die Beckenknochen deutlich hervor? Ist die Muskulatur an den Beinen und am Schwanz stark eingefallen?
- Achten Sie auf **Absonderungen**. Ist der Afterbereich kotverschmiert? Sind eventuell Blutreste zu erkennen?
- Stehen die **Augen** deutlich hervor? Oder liegen sie bereits eingefallen tief in den Augenhöhle?
- Sind verklebte Häutungsreste vorhanden? Erscheint die **Haut** fahl, matt, unnatürlich gefärbt oder verschorft? Sind schwarze, abgestorbene Hautpartien oder dicke Beulen (Abszesse) oder gar offene Wunden vorhanden?
- Sind im Maul oder an den Kiefern **Schwellungen** oder offene, eitrige Entzündungsherde zu finden?

Ist der Allgemeinzustand eines Chamäleons offensichtlich schlecht oder besorgniserregend, sollten Sie ein solches Tier nicht kaufen. Lassen Sie sich zeigen, ob das ausgewählte Chamäleon auf Futtertiere reagiert und diese auch schiesst.

schlagen. Ganz abgesehen von den für Laien schwierigen Dosierung der Medikamente für ihre oft nur wenige Gramm wiegenden Chamäleons: Beim Antibiotikum Gentamicin beträgt beispielsweise die empfohlene Dosierung 2,5 mg/pro kg Körpergewicht, bereits ab 4 mg/kg können Organschädigungen auftreten. Wenige Tierärzte sind auf Reptilienerkrankungen und deren Behandlung spezialisiert. Adressen finden Sie unter „Verzeichnisse" Seite 93. Bei Chamäleons nicht lange warten, sondern sofort zum Tierarzt.

## Parasiten

**Außenparasiten. Zecken** oder **Milben** sind bei Chamäleons selten. Treten sie doch einmal auf, können sie mit einer Pinzette abgesammelt oder mit Olivenöl oder speziellen chemischen Mitteln betupft werden. Sie fallen dann ab.

**Innere Parasiten.** Frisch importierte Wildfänge können von sich deutlich unter der Haut abzeichnenden, sogar sich sichtbar bewegenden Parasiten, wie **Spulwürmern** (Filarien) oder **Bandwurmlarven** befallen sein. Diese lassen sich vom Tierarzt durch einen kleinen chirurgischen Eingriff leicht entfernen. Innenparasiten des Verdauungstraktes müssen nach der Identifizierung vom Tierarzt entsprechend seiner Anweisung mit Medikamenten behandelt werden.

**Würmer.** Lediglich die Entwurmung von Neuzugängen kann vorsorglich, mit Panacur gegen Darmnematoden (außer Oxyuren) je nach Wurmart mit einer Dosierung von 25 bis 100 mg/kg Körpergewicht oder Molevac (gegen Oxyuren) in einer Dosierung von 1 ml/kg Körpergewicht durchgeführt werden, weil hier eine geringfügige Überdosierung ohne schwerwiegende Folgen bleibt.

**Einzeller** wie Amöben, Ciliaten, Flagellaten und Kokzidien, können bei starkem Befall Schleimhautschäden im Darm verursachen, die sich schnell zu blutigen Darmentzündungen entwickeln. Häufig kommt es zu bakteriellen Sekundärinfektionen. Eine präventive Behandlung gegen Protozoen ohne tierärztlichen Rat muss unterbleiben, weil es bei falscher Medikamentenwahl oder Dosierung leicht zu Todesfällen durch Nieren- oder Leberschäden kommt. Oft muss die Therapie wegen des sekundären Bakterienbefalls mit Antibiotika unterstützt werden.

**Mykosen.** Bleiben Hautreste auch noch einige Tage nach Beendigung der Häutung am Tier haften, müssen diese beispielsweise mit *Bepanthen*-Salbe gelöst und entfernt werden, damit es nicht zu Hautverpilzungen und weiteren Infektionen kommt. Sind bereits schwarze, verpilzte Hautstellen sichtbar, können diese mit pilzabtötenden Salben (vom Tierarzt verschrieben) oder mit *Gentianaviolett* behandelt werden.

## Verletzungen

Die Regenerationsfähigkeit ist bei Chamäleons normalerweise sehr gut ausgebildet. Kleinere **Hautverletzungen**, wie Bißwunden oder Abschürfungen verheilen sehr schnell, wenn sie mit Desinfektionsmittel wie *Betaisodona-Lösung* oder 5%igen *Gentianaviolettlösung* desinfiziert werden. Größere, nässende Wunden, etwa Verbrennungen werden mit antibiotischen Heil- und Wundpudern verschlossen. Sind die vernarbten Verletzungen bereits entzündet oder schwellen an, müssen sie unter ärztlicher Anleitung mit antibiotischen Salben (rezeptpflichtig) bis zur völligen Abschwellung behandelt werden. Abszesse, meist feste mit käsigem oder seltener mit flüssig-eitrigem Inhalt gefüllte, von Bindegewebe umhüllte Hohlräume, müssen in der Regel durch einen chirurgischer Eingriff vom Tierarzt behandelt werden.

## Haltungs- und ernährungsbedingte Erkrankungen

Bei Chamäleonweibchen kommt es relativ häufig zu **Legenot**. Stellt ein Weibchen plötzlich die Grabaktivitäten wieder ein und verhält sich auffällig ruhig und scheinbar normal, dann sind das die ersten

*Sitzt das Weibchen bereits längere Zeit nur noch mit hochgewölbtem Rücken und sichtlich eingefallen mit geschlossenen Augen apathisch im Terrarium, ist es für eine Behandlung meist zu spät.*

Anzeichen für eine Legenot. Der Pfleger sollte handeln und Kontakt zu einem Tierarzt aufnehmen. Bestätigt sich der Verdacht, kann der Tierarzt durch Gaben von Kalzium (10 mg) und 200 IE Vitamin $D_3$ oral oder 300 ng Vitamin $B_{12}$ auf 100g Körpergewicht die Eiablage auslösen. Unterbleibt sie trotz Kalzium- und Vitamingaben in den nächsten drei Tagen, wird die Eiablage durch Hormongaben eingeleitet (Oxytocin, 1 bis 5 IE/kg Körpergewicht intramuskulär in den Schenkel eines Hinterbeines). Dazu wird in zwei Behandlungsschritten jeweils nur die halbe Oxytocindosis in etwa zweistündigem Abstand injiziert. Gegebenenfalls können Kalziumgaben, höchstens 50 mg/kg Körpergewicht, intramuskulär (Injektion in Herznähe führen zu Herzstillstand!) unterstützend wirken. Schlägt auch eine weitere Oxytocin-Kalziumanwendung am darauf folgenden Tag in etwas höherer Konzentration fehl, bleibt als letze Möglichkeit zur Rettung des Weibchens nur noch ein chirurgischer Eingriff.

Wichtig nach erfolgreich induzierter Eiablage ist die Kontrolle der vollständigen Eiablage. Am zuverlässigsten ist eine Röntgenuntersuchung um zu erkennen, ob alle Eier abgegeben worden sind. Bleibt nur ein einziges Ei im Mutterleib zurück, stirbt das Weibchen wenige Wochen später an einer eitrigen Infektion, denn beschalte Eier können nicht mehr resorbiert werden.

*Viele Ursachen können zum Zurückhalten der Eier, zur Legenot, führen: Stress, Auszehrung durch zu häufige Reproduktion, übergroße Gelege, Eianomalien, Mineralienmangel, das Fehlen geeigneter Eiablageplätze (ungeeignete Bodentemperaturen und/ oder -feuchtigkeit sowie zu geringe Substrattiefe) oder allein das Umsetzen in ein Ablageterrarium. Böhle (mündliche Mitt. 2006) führt eine Legenot vor allem auf unbefruchtete, verklebte Eier oder innere Anomalien, etwa eine Verdrehung bzw. Abschnürung der Eileiter, zurück. Auch bei lebend gebärenden Arten kann es zu Legenot kommen, etwa wenn bei ungünstigen Haltungsbedingungen oder bei Vitamin- und Mineralstoffmangel die Jungen zurückgehalten werden.*

**Austrocknung.** Frisch importierte Tiere, die schon längere Zeit nur unzureichend mit Wasser versorgt wurden, sind stark eingefallen und wirken vertrocknet. Auch Krankheitserreger wie Kokzidien können eine **Dehydration** durch zuviel Flüssigkeitsverlust bei Durchfall oder Darmentzündungen hervorrufen.

Bei Neuankömmlingen wird das Flüssigkeitsdefizit mehrmals täglich mit kleinen Portionen einer Elektrolytlösung ausgeglichen. Dazu werden je Tier täglich 2 bis 4 ml einer 0,9 %igen Kochsalzlösung oder Ringerlösung je 100 g Körpergewicht auf mehrere Gaben verteilt mit der Pipette verabreicht. Verweigern Tiere eine Wasseraufnahme, kann der Tierarzt die Lösung notfalls auch direkt unter die Haut spritzen.

Natürlich muss auch die Luftfeuchtigkeit im Terrarium stimmen, deshalb sollte nicht nur in Regenwald, sondern auch in Trockenterrarien regelmäßig gesprüht werden. Im natürlichen Lebensraum, selbst in Trockengebieten und Wüsten steigt in den kühlen Morgenstunden die Luftfeuchtigkeit so stark an, sodass es zur Nebel- oder Morgentaubildung kommt. Dort erreicht die Luftfeuchtigkeit kurzzeitig fast 100 %, in zentralbeheizten Wohnräumen dagegen meist nur 30 bis 40 %.

**Häutungsprobleme** sind meist die Folge falscher Haltungsbedingungen. Anhaftende Hautreste werden mit Bädern oder Salben aufgeweicht und entfernt, damit sie nicht von Hautpilzen befallen werden oder Hautreste gar Gliedmaßen abschnüren.

**Leberverfettung.** Vor allem Chamäleons aus Gebieten mit starken saisonalen Klimaschwankungen (Regen- und Trockenzeiten) sind von der Verfettung bedroht. Sie fressen sich instinktiv in Zeiten mit günstigen Bedingungen und reichem Nahrungsangebot körperliche Reserven an, um längere Fastenperioden in den darauffolgenden Monaten der Trockenzeit schadlos zu überstehen. Wenn der Pfleger wohlwollend auf Fastenperioden verzichtet und ständig Nahrung anbietet, lagert die Leber übermäßig Fett ein. Ist sie stark verfettet, wird auch der Blutfluss zum Herzen beeinträchtigt. Kommt das Tier in eine Stressituation, durch Umsetzen oder Vergesellschaftung mit anderen Reptilien, steigt die Herzfrequenz an. Blut kann nicht genügend nachfließen und das Tier stirbt an Kreislaufversagen. Im Terrarium kommt es auch aufgrund der eingeschränkten Bewegungsmöglichkeiten zu Verfettung der Tiere.

**Gicht.** Harnsäure, das Abbauprodukt des Aminosäure- und Eiwe iß(Protein)stoffwechsels, wird bei Reptilien über die Nieren ausgeschieden. Durch Wassermangel und/oder durch zu proteinreiche Ernährung kann es zum Ausfallen von Harnsäurekristallen in der Niere **(Nierengicht)**, den Gelenken **(Gelenkgicht)** und den Eingeweiden **(Visceralgicht)** kommen. Nierenversagen durch übermäßige Einlagerung von Harnsäure und der Tod des Tieres ist die Folge. Die Heilung von Gichterkrankungen ist kaum möglich, hier hilft nur Vorbeugung (siehe S. 28).

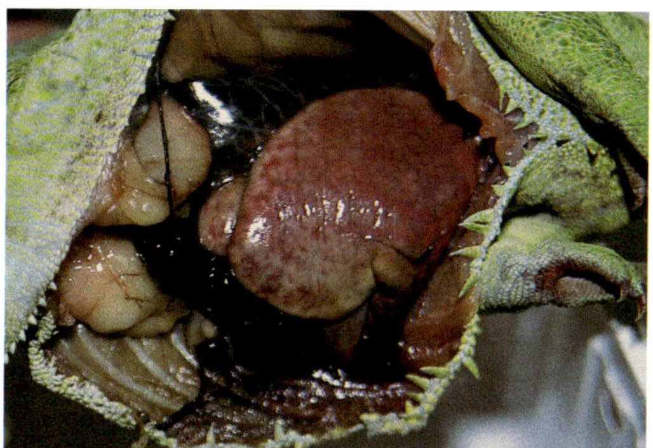

Sektionsbefund: Todesursache Leberverfettung. Links im Bauchraum sind deutlich Fettablagerungen zu erkennen. Auch die Leber ist durch Fetteinlagerung hell gefärbt.

**Bakterielle Erkrankungen** werden meist durch Immunschwäche, hervorgerufen durch Stress, Überbesatz oder falsche Haltungsbedingungen herbeigeführt. Solche Bakterieninfektionen sind bei Chamäleons oft die Ursache von Erkrankungen oder plötzlichen Todesfällen.

Kleinere äußerliche Bakterieninfektionen werden mit 5%iger *Gentianaviolett*-Lösung oder anderen Antiseptika behandelt, leichte Entzündungen im Maulbereich mit 3%igem *Wasserstoffperoxid* oder *Betaisodona*-Lösung. Infektionen im Maulbereich durch mechanische Beschädigung können schnell in eine akute Entzündung oder in **Maulfäule** übergehen. Sie müssen daher schnell behandelt werden, um die Tiere noch zu retten. Bei fortgeschrittenem Befall muss der Tierarzt oral Antibiotika verabreichen, weil häufig auch der Verdauungstrakt befallen ist. Maulfäule wird durch *Pseudomonas* ssp., *Aeromonas* spp. (in stark belastetem Wasser), Bodenkeime **(Klebsiella)** oder Proteuskeime hervorgerufen. Diese Keime können oft auch bei gesunden Tieren in Rachentupferproben nachgewiesen werden. Die Lunge oder andere Organe können bei geschwächten Tieren ebenfalls von Bakterien befallen werden.

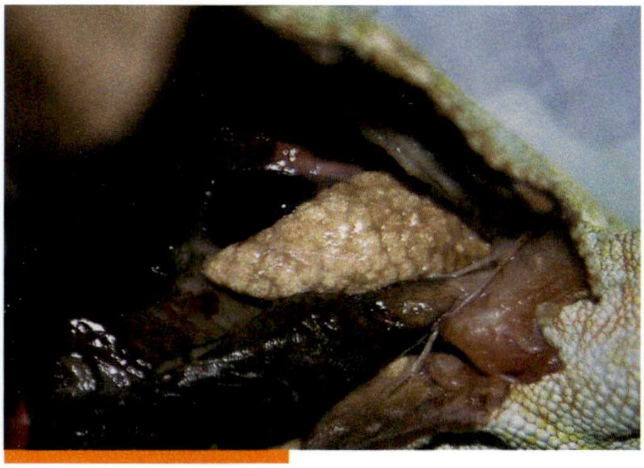

Sektionsbefund: Todesursache Nierengicht. Die Niere dieses Tieres wurde durch Einlagerung von Harnsäurekristallen völlig zerstört.

Latente, also unterschwellige Bakterieninfektionen sind meist kaum erkennbar, die Tiere scheinen gesund. Kommt ein Stressfaktor dazu, kann sich das Gleichgewicht aber schlagartig ändern. Laut Böhle (mündliche Mitt.) wurde bei lebend gebärenden Arten öfter festgestellt, dass gut eingewöhnte, bereits Monate im Terrarium lebende und scheinbar kerngesunde, hochträchtige Weibchen, die plötzlich an Legenot verenden, einen sehr starken Salmonellen-Befall aufweisen. Wäre eine leichter Salmonellen-Befall während der Quarantänezeit erkannt und behandelt worden, hätten die Weibchen vielleicht überlebt.

*Die krankheitserregende, pathogene Wirkung von Bakterien hängt vor allem vom Immunstatus der Tiere, aber auch der Anzahl und der Art der Keime ab.*

**Krankheiten des Kalziumstoffwechsels.** Vitamin- und/oder Kalzium-Mangel führen zu stoffwechselbedingten Osteopathien, wie **Rachitis** oder **Osteomalazie.** Es werden zu wenig Mineralien oder Vitamin $D_3$ mit der Nahrung aufgenommen oder wegen fehlender UV-Bestrahlung nicht im Körper gebildet. Dadurch wird nicht genügend Kalk in das Knochengewebe eingebaut und es kommt zu Wirbelsäulen-, Kiefer- und Gliedmaßenverformungen. Bei Jungtieren wird diese Mangelerkrankung Rachtis genannt. Bei den erwachsenen Tieren sind die Weibchen in der Zeit Eischalenbildung durch die Knochenerweichung oder Osteomalazie betroffen.

# Pflege im Terrarium

Es ist bekannt, dass bereits lange vor den Anfängen der Terraristik in Südeuropa das „gemeine" Chamäleon in menschlichen Behausungen als lebender Fliegenfänger gehalten wurde.

## Historischer Rückblick

*Möchten Sie nur ein einzelnes Chamäleon halten, dann sollten Sie ein Männchen kaufen. Denn Weibchen bilden auch ohne Geschlechtspartner Eier aus. Unbefruchtete Eier aber haben oft eine veränderte Gestalt und häufig führt dies letztlich zum Tod des Weibchens durch Legenot.*

Den Begriff „Terrarium" gibt es seit Ende des 19. Jahrhunderts und schon damals wurden im zoologischen Handel Chamäleons angeboten. Allerdings überlebten die meisten Chamäleons nach dem Transport nur wenige Tage oder Wochen. Durch die beiden Weltkriege kam es zum völligen Erlöschen der Chamäleonbestände in den Zoologischen Gärten und privaten Terrarien.

Erst Ende der 70er-, Anfang der 80er-Jahre des zwanzigsten Jahrhunderts stieg die Chamäleonhaltung deutlich an, die Verluste an Tieren wurde geringer. Dies lag neben den inzwischen besseren technischen Hilfsmitteln auch daran, dass sich mit wachsendem Wohlstand schnell und bequem in früher unerreichbare oder schwer zugängliche Länder reisen ließ. Viele begeisterte Aquarianer und Terrarianer erkundeten die Lebensräume der geliebten Tiere oder nutzten die Gelegenheit zum Fang und Mitbringen von Chamäleons. Bis zum Inkrafttreten des Washingtoner Artenschutzabkommens 1984 konnten Chamäleons problemlos aus- und eingeführt werden.

Nicht nur die Haltung von Chamäleons wurde erfolgreicher, es gelang auch bei etlichen Arten die Nachzucht in der Obhut des Menschen. Manche Veröffentlichungen vermitteln inzwischen fast den Eindruck, Chamäleons wären einfach in der Haltung und die Nachzucht gelänge problemlos. Allerdings ist dies nur bei wenigen Chamäleonarten bisher wirklich über mehrere Generationen hinweg gelungen. Trotz aller Bemühungen verschwinden viele Arten aus den Terrarien, sobald die Ursprungsländer die Ausfuhrquote verringern oder den Export ganz verbieten.

## Überlegungen vor dem Kauf

*Während viele Reptilienarten kleinere Nachlässigkeiten bei der Pflege durchaus tolerieren, verzeihen Chamäleons diese selten.*

Gerade Chamäleons sollten nicht einfach aus einer spontanen Laune heraus erworben werden, sondern erst nach eingehender Informationssammlung. Vor dem Kauf sollten Sie unbedingt soviel wie möglich über die **Klimaansprüche** des ausgewählten Pfleglings in Erfahrung bringen. Das ist nicht immer einfach, weil sich das Verbreitungsgebiet vieler Chamäleons über mehrere Länder, Klimazonen und verschiedene Höhenlagen erstreckt. Einzel- und Großhändler kennen meist nur das Ursprungsland, selten aber die genauen Fangorte. Ohne Sachkenntnis zum Lebensraum, Klima und dessen Verlauf im Jahr (Minimal- und Maximaltemperaturen), Nachtabkühlung oder Ruhephasen, kann ein Chamäleon rasch ernsthafte gesundheitliche Schäden davontragen oder die auslösenden Faktoren für eine erfolgreiche Nachzucht fehlen. Dies führt immer wieder zu der Meinung, bestimmte Arten seien prinzipiell nicht zu halten und Nachzuchten im Terrarium unmöglich.

**Wichtig**
Pauschale Angaben zur Haltung von Chamäleons führen oft zu Verlusten, denn viele Arten verlangen sehr spezifische Bedingungen entsprechend denen ihres ursprünglichen Lebensraumes.

Einen näheren Hinweis auf die **Herkunft** eines Chamäleons kann eventuell die Nachfrage nach der Artenzusammensetzung der Importsendung des Großhändlers geben. Stammen beispielsweise Blattchamäleons aus einer Chamäleonsendung aus Kamerun und werden diese zusammen mit anderen Chamäleons wie den Bergchamäleons *Chamaeleo montium* oder Vierhornchamäleons *Chamaeleo quadricornis*, deren Höhenverbreitung deutlich enger eingrenzt ist, angeboten, so stammen sie wahrscheinlich aus den gleichen (höheren) Lagen, weil die einheimischen Fänger kaum extra zum Fang der Blattchamäleons ins Tiefland gereist sind. Andererseits ist aber auch zu bedenken, dass sich bei Exporteuren Tiere aus verschiedensten Regionen eines Landes ansammeln. Tiere gleicher Art werden oft in einen Käfig zusammengesetzt oder auch beim Versand vermischt und dann wären Rückschlüsse auf die Herkunft reine Spekulation. Die **räumlichen Möglichkeiten** zur Unterbringung müssen bei der Auswahl der Tiere ebenfalls geprüft werden. Wer beispielsweise versucht, Chamäleons aus hohen bis alpinen Lagen im Sommer in auch nachts sehr warmen Dachwohnungen oder Räumen mit „heißen" Wüstenterrarien zu halten, wird nicht lange Freude an den Tieren haben.

*Besonders bei der Pflege von Chamäleons ist es besser, sich auf einige wenige oder nur eine einzige Art zu konzentrieren, die dafür in größerer Anzahl gehalten wird. Das „Sammeln" vieler Einzeltiere oder von Paaren unterschiedlicher Populationen oder Arten verlangt neben viel Fachwissen auch entsprechend viel Platz für Terrarien mit unterschiedlichen klimatischen Verhältnissen.*

Vergessen Sie auch nicht die **Zeit**, die für die Pflege Ihrer Tiere mit einplanen müssen, ob es um die Wartung der Technik geht, die Reinigung des Terrariums oder aber regelmäßige Gesundheitskontrollen, Aufzucht von Jungtieren und die Besorgung von abwechslungsreichem Futter für Ihre Chamäleons. **Vergesellschaftet** man Chamäleons, müssen Ausweichterrarien zur Verfügung stehen für den Fall dass Unverträglichkeiten auftreten. Auch bei Arten, die in hohen Populationsdichten (Kolonien) leben, kann es dazu kommen. Größe und Temperament der Tiere sollen nicht zu unterschiedlich sein. Selbst Tiere in fester Paarbindung müssen eventuell zum Ende der Trächtigkeit des Weibchens separiert werden.

Jungtiere können meist in Kleingruppen zusammen aufgezogen werden. Zeigen Einzeltiere jedoch permanent Streßanzeichen wird eine Einzelaufzucht unumgänglich.

## Kauf: Nachzucht oder Wildfang?

Auch wenn verschiedene Chamäleonarten inzwischen erfolgreich nachgezogen werden, stammen viele der angebotenen Tiere immer noch aus freier Natur. Der Vorteil von Nachzuchten liegt darin, dass man eher von einem guten Gesundheitszustandes der Tiere ausgehen kann, das genaue Alter bekannt ist und sie durch die Terrarienhaltung an den Menschen gewöhnt sind. Dies sind auch gute Voraussetzungen für die eigene Nachzucht.

**Tipp**
Empfehlenswert ist die Kontaktaufnahme zu anderen Chamäleonhaltern, die Tiere der selben Art pflegen. Durch Austausch von Tieren kann dann Inzucht vermieden oder der plötzliche Verlust eines Tieres durch einen geeigneten Partner ausgeglichen werden.

Manche „Nachzuchten" stammen jedoch von trächtig importierten Weibchen. Hier besteht aber die Gefahr, dass die „Züchter" die Tiere nur kurze Zeit im Terrarium gepflegt haben. Aufgrund der fehlenden oder falschen Angaben zum Lebensraum können dann die Jungtiere häufig nicht optimal gehalten werden und Verluste sind vorprogrammiert. Trotz der Vorteile von Nachzuchten kommen auch langjährig-erfahrene Chamäleonzüchter gelegentlich nicht umhin, ein Wildfangtier zu erwerben. Oft werden bei Verlust eines Tieres oder zur Blutauffrischung der Zuchtlinien nur ausgewachsene Tiere gebraucht. Das Argument, wild gefangene Tiere seien immer mit Parasiten verseucht und deshalb weniger lebensfähig als Nachzuchten,

*Gesunde, wenigstens zwei Monate alte, nachgezüchtete Jungtiere sind Wildfängen immer vorzuziehen.*

*Wenn Sie einen Wildfang kaufen, sollten Sie nicht unbedingt übergroße und schon damit relativ alte Tiere auswählen. Die Lebenserwartung dieser Tiere ist dann relativ gering. Oft eignen sich zu alte Tiere auch nicht mehr zur Zucht (betrifft vor allem Weibchen), da sie ihre sexuelle Aktivität bereits eingestellt haben.*

stimmt so pauschal nicht. Durch zügigen Transport ist der Gesundheitszustand von Wildfängen inzwischen deutlich besser als noch vor Jahren.

## Terrariengröße und Format

Weil die Größe des Tieres, der Bewegungsdrang und das Temperament art- und altersabhängig stark variiert, müssen vor der Anschaffung eines Chamäleons die Möglichkeiten der Unterbringung durchdacht werden. Seit dem 10.01.1997 liegt das **Gutachten über die Mindestanforderungen an die Haltung von Reptilien** vor. Es wurde im Auftrag des Bundesministeriums für Ernährung, Landwirtschaft und Forsten erstellt. Diese Richtlinien können über den Zoofachhandel oder bei der Deutschen Gesellschaft für Herpetologie und Terrarienkunde (DGHT), Adresse siehe „Verzeichnisse“, bezogen werden. Für die Pflege von Chamäleons, Einzeltier und Bodenbewohner, ist eine **Mindestgröße des Terrariums** im Verhältnis von 4 × 4 × 2,5, für alle anderen Arten das Verhältnis 4 × 2,5 × 4 gefordert (jeweils Länge × Breite × Höhe, bezogen auf die Kopf-Rumpf-Länge des Tieres). Für die Paarhaltung muss die Grundfläche um 20 % vergrößert werden.

*Die Größe eines Terrariums muss sich immer nach den Bedürfnissen des Pfleglings richten. Der §2 des Tierschutzgesetzes besagt unter anderem, dass die Möglichkeit eines Tieres für artgemäße Bewegung nicht so eingeschränkt werden darf, dass ihm Schmerzen, Leiden oder vermeidbare Schäden zugefügt werden.*

Generell fällt es in **kleinvolumigen Terrarien** schwer, alle erforderlichen Klimawerte, wie Temperatur, Feuchtigkeit und Frischluftzufuhr, optimal einzustellen und technisch zu regeln und es fehlt der Platz zur Gestaltung von Zonen mit unterschiedlichen Mikroklimawerten. Außerdem ist die Gefahr des Verlustes der Tiere durch Ausfall der Regeltechnik (Zeitschaltuhr oder Thermostat) weitaus höher.

In hochformatigen, **großvolumigen Becken** in der Größe von beispielsweise 100 cm × 50 cm × 150 cm bilden sich im Tagesverlauf durch den Einfluss der Beleuchtung automatisch Temperatur- und Feuchtigkeitsunterschiede aus. Bei einem Rauminhalt von mehreren 100 Litern muss nicht der Großteil der Wandflächen aus Drahtgaze bestehen, um Überhitzung und stickige Stauluft zu vermeiden. Die Tiere können jederzeit Zonen mit für ihre augenblicklichen Bedürfnisse angenehmen Klimawerten aufsuchen, unabhängig von Pfleger oder Automatik. Hochwertige Leuchtmittel wie HQl-Leuchten können eingebaut werden, ohne dass dadurch das Terrarium in kurzer Zeit überhitzt wird und die Luftfeuchtigkeit stark absinkt. Bessere Gestaltungs-

**Hinweis**
Ein Terrarium mit großem Volumen eignet sich in der Regel besser für die Haltung von Chamäleons, weil es viel einfacher ist, darin stabile, optimale Umweltbedingungen für die Tiere zu schaffen.

möglichkeiten bei der Einrichtung (Wasserlauf, Bepflanzung) sind in einem großen Terrarium schon durch das Platzangebot gegeben.

Standardterrarium für robuste Arten.

Der tägliche Pflegeaufwand ist deutlich geringer: Eine Schicht des Bodengrundes von 20 cm Höhe trocknet langsamer aus als eine von 2 cm Höhe. Die Zeitintervalle zwischen dem Gießen verlängern sich, den Weibchen steht eine ausreichend starke Substratschicht für die Eiablage zur Verfügung und der erst in großen Terrarien lohnt sich der Einbau von Beregnungsanlagen, die viel Zeit sparen. Nach den zuvor genannten Haltungsrichtlinien sollte für ein Chamäleon mit 10 cm Kopf-Rumpf-Länge, etwa *Bradypodion tavetanum* die Mindestgröße des Terrariums von 40 cm × 25 cm × 40 cm (Länge × Breite × Höhe) betragen. Nicht gerade üppig für dieses agile, lebhafte Chamäleon. In einem üppig bewachsenen Regenwaldterrarium mit den Maßen von 100 cm × 60 cm × 120 cm gelingt die Pflege eines Pärchens dieser Art viel leichter. Quellstein oder Wasserlauf, Beregnungsanlage und HQL-Beleuchtung schaffen die optimalen Bedingungen. Besonders für die Busch und Baum bewohnenden echten Chamäleons kommen nur hochformatige Terrarien in Frage.

*Vorteile großvolumiger Terrarien:*
*– Ausbildung von Klimagradienten*
*– mehr Bewegungsfreiheit für die Tiere*
*– Möglichkeit der Paar- und Gruppenhaltung*
*– mehr Gestaltungs- und Strukturierungsmöglichkeiten*

## Technik

Durch die entsprechende Auswahl und richtige Dimensionierung der Technik muss der Chamäleonpfleger seinen Tieren im Terrarium die optimalen Bedingungen bieten. Durch Steuerungseinrichtungen kann er den täglichen Aufwand für die Kontrolle und Wartung der technischen Bestandteile deutlich verringern.

### Beleuchtung

Für Chamäleons als Augentiere ist die **Terrarienbeleuchtung** sehr wichtig. Sie brauchen eine bestimmte Lichtstärke, um Beute schießen zu können. Erst wenn die Lichtverhältnisse optimal sind, zeigen sie

Regenwaldterrarium.

ihr ganzes Verhaltensrepertoire. Natürlich stellen Chamäleons, die am Boden in dichten, relativ dunklen Regenwäldern leben oder in Wolken gehüllten Bergregenwäldern andere Anforderungen an die Terrarienbeleuchtung als solche, die in Büschen am Waldrand, oder in sonnendurchfluteten Savannen oder Wüsten leben.

Zur Ausleuchtung von kleineren Chamäleonterrarien eignen sich vor allem Leuchtstoffröhren. Hier gibt es spezielle Reptilienröhren mit UVA-und UVB-Anteil. In großen Terrarien können auch HQL-Lampen, die ebenfalls etwas UV-Licht abgeben, eingesetzt werden. Für Tiere aus einem sehr sonnigen Umfeld eignen sich auch HQI-Lampen.

In **Regenwaldterrarien** von etwa 50 cm Höhe werden je 15 bis 20 cm Beckenbreite eine Leuchtstoffröhre über die ganze Beckenlänge als Grundausleuchtung installiert. **Savannen- oder Wüstenterrarien** erhalten je 10 cm Beckenbreite eine Leuchtstoffröhre. Der Einsatz von HQL- und HQI-Lampen ist erst in größeren Terrarien ratsam, weil diese erst ab einer bestimmten Wattzahlen erhältlich sind. Bei der Pflege von hitzeempfindlichen Chamäleons in Kleinterrarien wäre die Wärmeabgabe dieser Lichtquellen zu hoch.

Zur Ausleuchtung von Aufzuchtterrarien für Jungtiere von Chamäleonarten aus höheren Lagen werden nur Leuchtstoffröhren eingesetzt, denn bei anderen Lichtquellen, die zusätzlich Wärme abegeben ist die Gefahr groß, dass die Jungen Hitzeschäden davontragen, denn sie sitzen meist länger unter den Wärmequellen als ihnen gut tut.

## Sprühanlagen und Wasserläufe

Zur Erhöhung der Luftfeuchtigkeit im Terrarium können **Ultraschallvernebler** eingesetzt werden. Die vernebelte Wassermenge reicht aber kaum aus, um die Tiere zu tränken oder die Bepflanzung zu versorgen. Es muss zusätzlich gesprüht und gegossen werden. Wird kaltes Wasser vernebelt, kann dadurch die Terrarientemperatur gesenkt werden. Das ist vorteilhaft bei der Pflege vieler Arten aus höheren Lagen.

Beim Einbau **automatischer Sprüh- oder Beregnungsanlagen** muss auf ausreichenden Abfluss sowie den Einbau einer Drainageschicht geachtet werden. Sonst versumpft das Terrarium oder läuft gar über und es kommt zu Wasserschäden in der Wohnung.

Beim Einbau von **Wasserbecken** sollten glatte Steilufer vermieden werden, Uferzonen müssen mit Sumpf- und Wasserpflanzen oder Steinen und Korkenrinden so angelegt werden, dass die Tiere gut wieder herausklettern können, wenn sie ins Wasser fallen. Gesunde Chamäleons können schwimmen, wenn auch etwas unbeholfen. Bei lebend gebärenden Arten muss allerdings gegen Ende der Trächtigkeit der Wasserteil abgelassen werden, denn wenn Jungtiere in den Eihäuten ins Wasser fallen, ertrinken sie zwangsläufig. Das im Umlauf befindliche Wasser der Wasserbecken und Bachläufe muss durch einen großzügigen **Biofilter** gereinigt werden damit die Wasserqualität gut bleibt und sich nicht eine für die Tiere gesundheitsgefährdende Keimbrühe entwickelt.

Eine **Tropfanlage** bietet immer frisches Wasser. In der einfachsten Version wird ein Wasserbehälter aufs Terrarium gestellt und über einen Schlauch mit Regulierhahn Wasser in das Terrarium getropft. Das überschüssige Wasser wird in der Drainageschicht aufgefangen und durch eine Abflussbohrung in einem Auffangbehälter gesammelt. Die modernste Version einer Tropfanlage besteht aus einem direkt an die Wasserleitung installierten Magnetventil, das über eine digitale Zeitschaltuhr gesteuert wird. So wird Wasser zu gewünschten Zeiten in das Terrarium getropft oder geregnet. Wird der Abfluss der Drainage direkt an die Kanalisation angeschlossen, kann der Pfleger auch beruhigt in ein langes Wochenende fahren. Eine Urlaubvertretung muss dann nur zur Fütterung der Tiere ein bis drei Mal wöchentlich vorbeischauen.

## Heizung

Als tagaktive Reptilien sind Chamäleons in ihren Reaktionen und ihrem Verhaltensmustern auf von oben kommende Sonnenwärme ausgerichtet. Zur Schaffung lokaler, punktueller **Wärme- oder Sonnenplätze** eignen sich einfache Glühbirnen in Strahlerform sehr gut, die neben Licht vor allem sehr viel Wärme abgeben. In kleinen Terrarien können aufgrund der kompakteren Bauweise auch Niedervolt-Halogenstrahlern eingesetzt werden. Diese werden jedoch sehr heiß und müssen deshalb so installiert sein, dass die Tiere sie nicht erreichen oder berühren können. Auch der Abstand vom Strahler zum Sonnenplatz wird je nach Chamäleonart so bemessen, dass

Trockenterrarium mit vergrößerter Lüftungsfläche zur schnellen Abtrocknung des Terrariums.

im Strahlerkegel keine zu hohen Temperaturen entstehen. In größeren Terrarien eignen sich HQI- und vor allem HQL-Lampen sehr gut dazu, lokale Wärmeplätze zu schaffen.

Um höherere Grundtemperaturen beispielsweise für Tieflandarten zu erreichen, bietet sich die **Bodenheizung** in Form einer Heizmatte oder eines Heizkabels an. Die Bodenheizung sollte allerdings nur etwa auf der Hälfte des Terrarienbodens ausgelegt werden, damit den Tieren immer auch kühlere Ecken zugänglich bleiben. Mit wattschwachen Bodenheizungen können (an der Rück- oder Seitenwand angebracht) auch warme Eiablageplätze für die Chamäleonweibchen geschaffen werden. Einige Züchter schaffen Eiablageplätze, indem sie eine Ecke im Terrarium mit einem Spotstrahler von oben erwärmen, weil in freier Natur die Temperatur im Boden von oben nach unten abnimmt und diese Art der Bodenerwärmung den natürlichen Gegebenheiten besser entspricht.

## Einrichtung des Terrariums

Einen Lebensraum, der dem der Chamäleons in der Natur so gut wie möglich entspricht, kann man im Terrarium mit den verschiedensten Mitteln schaffen.

### Rück- und Seitenwände

Damit sich die Tiere im Terrarium sicher fühlen, werden Rück- und Seitenwände mit in die Gestaltung einbezogen. Zu dieser **Wandverkleidung** eignen sich Press-, Schwarz- oder Zierkorkplatten, die in unterschiedlichen Ausführungen und Größen im Handel erhältlich sind. Natürlich können die Terrarienwände auch mit selbstgebastelten Felsimitationen aus Kunststoff, Kunstharz-

**Tipp**
Das Verkleiden der Rück- und Seitenwände verhindert, dass sich die Tiere im Glas spiegeln und sich so selbst „stressen“.

Glasfaser oder Styropor ausgestattet werden. Diese werden mit Moltofill überzogen und mit Kunstharz oder lebensmittelechtem Lack wasserdicht versiegelt. Auch im Zoofachhandel finden Sie teilweise gut gelungene Fels- oder Holzimitationen als Einrichtungselemente.

## Bodengrund

Je nach Herkunft der Chamälonart und der Wahl des Terrariums können unterschiedliche Materialien als Bodengrund verwendet werden. Quarantänebecken werden beispielsweise mit leicht zu reinigenden oder zu wechselnden Substraten wie Kunstrasen, Schaumstoffmatten oder Zeitungspapier ausgelegt. Bei Terrarien, die wartungsfreundlich, z.B. leicht aussaugbar sein sollen, wird der Boden mit dünnen Korkplatten beklebt. Pflanzen werden mit Übertöpfen hineingestellt. Solche Terrarien eignen sich beispielsweise zur Pflege von lebend gebärenden Chamäleons. Für alle übrigen Terrarien eignen sich Sand, Terrarien-, Lehm-, Wald-, Laub- oder Kokosfasererde sowie Humus oder auch unterschiedliche Mischungen dieser Substrate, die entsprechend der Herkunft der Tiere mehr oder weniger feucht gehalten werden sollten. Für Weibchen Eier legender Arten dient der Bodengrund auch als Ablagesubstrat, daher wird er in einer Terrarienecke so hoch eingefüllt, dass er der Kopf-Rumpf-Länge des Tieres entspricht. In Regenwaldterrarien zum Beispiel bei der Pflege von Erdchamäleons kann das Bodensubstrat mit Eichen- oder Buchenlaub und Moospolstern naturnah gestaltet werden. Dort sollte vor dem Einfüllen des Substrates außerdem immer auf dem Terrarienboden zuerst eine Lage Kies oder Blähton als Drainageschicht zur Aufnahme des überschüssigen Wassers eingebracht werden.

Dieses Blattchamäleon (*Rampholeon spectrum*) lebt am Waldboden und ist so perfekt getarnt, dass es kaum in der Streuschicht auszumachen ist.

## Kletteräste und Pflanzen

Ein Chamäleonterrarium sollte immer mit vielen Kletterästen und Pflanzen ausgestattet werden. Zwar können alle Chamäleons, vor allem aber Jungtiere und kleine Arten auch an Kork- oder Kunstfelsrückwänden oder dicken Ästen mit rauer Rinde empor klettern, dennoch sollte der Großteil der Äste so bemessen sein, dass sie sie mit ihren Greiffüßen leicht umfassen können. Pflanzen dienen nicht nur als Klettermöglichkeit, sondern sie tragen auch zur Erhöhung der Luftfeuchtigkeit bei. Sie bieten den Tieren Schutz, den Weibchen

Rückzugsmöglichkeiten und Geborgenheit. Einige Chamäleons fressen recht gerne bestimmte Pflanzen. In Quarantänebecken werden Kunstpflanzen als Deckungsmöglichkeit verwendet, weil sie leicht zu reinigen sind.

## Vergesellschaftung

*Voraussetzung für gemeinschaftliche Haltung von Chamäleons mit anderen Tieren ist, dass sie die gleichen Klima- und Lebensraumansprüche haben, jedoch jegliche gegenseitige negative Beeinflussung ausgeschlossen bleibt.*

Generell können Chamäleons in strukturierten und großvolumigen, Terrarien (wie Zimmerterrarien oder in Gewächshäusern) mit anderen Reptilien und Amphibien vergesellschaftet werden.

Wenig sinnvoll ist in sehr kleinen Terrarien eine Vergesellschaftung mit anderen tagaktiven Echsen wie Taggeckos, Agamen oder Kleinleguanen. Dagegen eignen sich zur Vergesellschaftung mit vielen Chamäleonarten einige nachtaktive Geckoarten wie Streifengecko, *Gecko vittatus*, Hausgeckos, Malayische Bändergecko, *Cyrtodactylus pulchellus*. Diese halten entkommene oder überzählige, ebenfalls nachtaktive Futtertiere, etwa Heimchen und Schaben kurz. Sie selbst bleiben aber tagsüber unsichtbar und stören Chamäleons nicht. In Regenwaldterrarien können auch Froschlurche, beispielsweise Pfeilgiftfrösche mit Erd- oder Stummelschwanzchamäleons gehalten werden, wenn sie nicht die Größe von Futtertieren besitzen. Mittelgroße Laubfrösche können mit kleinen Chamäleons aus Bergwäldern zusammen gepflegt werden.

## Sommeraufenthalt im Freiland

Wer einen Garten, eine Terrasse oder einen Balkon hat, kann dies im Sommer zu einem Freilandaufenthalt für Chamäleons nutzen. Arten aus gemäßigten Breiten oder mittleren bis hohen Lagen können sogar vom Frühling bis in den Herbst hinein draußen gepflegt werden. Die starke nächtliche Abkühlung kommt diesen Tieren sehr entgegen. Natürlich trägt man die Tiere nicht andauernd heraus und wieder herein. Das verursacht unnötigen Stress und die starken Unterschiede zwischen Wohnung und Freiland bezüglich Lichtintensität, Feuchtigkeit, Frischluft und Temperaturen können Chamäleons schon Probleme bereiten. Der Aufenthalt im Freien nützt normalerweise aber weit mehr als er schadet.

Männchen des Zweihornchamäleons im Freiland.

*Beim Zusammensetzen von verschiedenen Terrarientieren ist immer auf eine entsprechende Größe der Gesellschafter zu achten, damit kleinere Terrarienmitbewohner nicht gefressen werden oder größere Mitbewohner, die Chamäleons, nicht ängstigen und auf Dauer zu sehr stressen.*

*Freilandaufenthalt im Sommer steigert die Farbenpracht der Chamäleons, erhöht Vitalität und Widerstandskraft und stimuliert die Fortpflanzung.*

Praktisch eingerichteter Gazebehälter für den Freilandaufenthalt von Chamäleons über die Sommermonate.

Gazebehälter für das Freiland. Bei der Aufstellung draußen sollte dafür gesorgt sein, dass die Tiere auch schattige Rückzugsmöglichkeiten haben.

Volieren und Behälter aus Fliegendraht oder Gaze eignen sich für die Freilandhaltung. Der Standort muss so gewählt werden, dass selbst bei nur kurzer Einstrahlung der prallen Mittagssonne jegliche Überhitzung ausgeschlossen ist und den Tieren immer schattige Rückzugsmöglichkeiten zur Verfügung stehen. Für viele Arten aus Bergwäldern, die sich nur morgens kurz sonnen und eher Helligkeit und kräftige Sonneneinstrahlung meiden, sind halbschattige bis schattige Standorte mit etwas Morgensonne ideal. Für Arten aus Lebensräumen mit kräftiger Sonneneinstrahlung wie etwa für das Jemenchamäleon sind im Freigehege ebenso schattige Rückzugsplätze bereitzustellen.

Vor allem in den Übergangszeiten im Herbst und Frühjahr eignen sich Gewächshäuser zur freien Haltung von Chamäleons. Bei niedrigen Tagestemperaturen werden den Tieren mit Spotstrahlern Aufwärmplätze geschaffen. Im Sommer sind Gewächshäuser ohne automatische Belüftung und Abschattung wegen des sehr feuchtschwülen Tagesklimas nur für Arten aus Tieflandregenwäldern geeignet.

# Nachwuchs

Bei Chamäleons gibt es zwischengeschlechtliche Beziehungen in vielen Abstufungen. Neben Arten, die recht beständig in einer festen Paarbeziehung leben (*Chamaeleo jacksonii xantholophus, Chamaeleo hoehnelii*) gibt es Arten, die nur während der Fortpflanzungsperiode feste Paare bilden wie *Chamaeleo calyptratus* und strikte Einzelgänger wie *Chamaeleo dilepis*, die sich nur zur Paarung treffen.

## Geschlechtsunterschiede

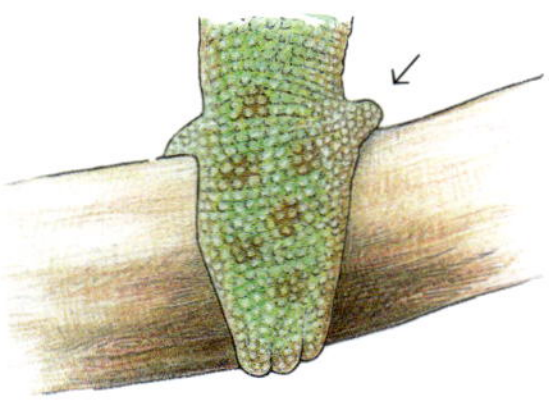

Männchen mancher Arten besitzen einen Fersensporn.

Wer Chamäleons züchten will, muss natürlich zuerst einmal die Geschlechter unterscheiden können. Bei ausgewachsenen Tieren ist dies meist nicht schwer, denn oft unterscheiden sie sich äußerlich (Sexualdimorphismus). Bei Männchen ist der Ansatz der **Schwanzwurzel** durch die beiden Hemipenes meist deutlich **verdickt** und breiter als bei den Weibchen. Sekundäre Geschlechtsmerkmale wie vergrößerte **Helme**, **Hörner** oder **Rücken**- und **Schwanzsegel** sind bei vielen Männchen der echten Chamäleons vorhanden. Den weiblichen Tieren fehlen diese oder sind nur angedeutet. Die Männchen einiger Arten wie dem Jemenchamäleon tragen bereits beim Schlupf am Hinterfuß einen nach hinten abstehenden **Fersensporn**, der mit zunehmender Größe immer deutlicher erkennbar wird. Die Geschlechter sind oft auch an der Körpergröße oder Färbung deutlich zu unterscheiden. Meist sind die Männchen kräftiger und farbiger als die Weibchen. Nur in Ausnahmefällen wie beim Teppichchamäleon besitzen die Weibchen die größere Farbpalette.

Ein männliches Pantherchamäleon erblüht beim Anblick eines Weibchens in den leuchtendsten Farben. Die Färbung des Weibchen hier hingegen ihre Paarungsunwilligkeit (Abwehrfärbung) an.

## Balz und Paarung

Arten aus Gebieten mit ganzjährig gleichmäßig günstigen klimatischen Bedingungen verpaaren sich während des ganzen Jahres. Bei vielen Chamäleons richtet sich der Reproduktionszyklus aber nach den saisonalen Schwankungen der Klimaverhältnisse. Bei gleichmäßig günstigen Terrarienbedingungen sind Chamäleonmännchen in der Regel das ganze Jahr über paarungsbereit, Weibchen dagegen immer nur während kurzer Perioden. Ohne saisonale Schwankungen des Terrarienklimas balzen die Männchen vieler Arten die paarungsunwilligen Weibchen ständig an. Das bedeutet starken Stress für die Weibchen und kann sogar zu Verlusten führen.

Wichtig für die erfolgreiche Nachzucht vieler Arten sind daher **Ruhephasen**, beispielsweise eine Winter- oder Trockenruhe. Unser mitteleuropäischen Winter bietet sich dafür an. Meist werden Terrarienpfleglinge über die Fenster vom Außenlicht beeinflusst und bei abnehmender Tageslänge deutlich ruhiger. Häufig verblasst ihre Farbenpracht, sie fressen weniger. In unbeheizten Zimmern oder durch kräftiges Lüften, vor allem nachts, können ohne großen technischen Aufwand deutlich tiefere Temperaturen und eine Nachtabsenkung erreicht werden. Im Terrarium werden so saisonale Klimaschwankungen, verbunden mit einem geringen Nahrungsangebot nachgeahmt. Werden optimale Klimawerte und das Futterangebot wieder wiederhergestellt, kommen beide Geschlechter gleichzeitig (synchron) in Paarungsstimmung.

Ist ein **Weibchen** paarungsbereit, kommt es normalerweise schnell zur Kopulation. Arten die paarweise oder in Gruppen leben, zeigen meist ein ausgeprägtes Balzverhalten, während **Männchen** einzeln lebender Arten oft nur kurz balzen und sehr schnell versuchen zu kopulieren. Erblickt ein paarungsbereites männliches Chamäleon ein Weibchen, zeigt es sich meist sofort in den schönsten Farben. Paarungswillige Weibchen verhalten sich dann sehr ruhig. Manche zeigen eine bunte Färbung, andere werden heller oder verändern ihre Färbung nicht. Das Männchen läuft auf das Weibchen zu, steigt auf dessen Rücken und versucht, seine Kloake unter die des Weibchens zu schieben. Schließlich kommt es zur Kopulation, indem einer der beiden Hemipenes eingeführt wird. Die Kopulation kann mehrere Minuten aber auch Stunden dauern. Am Ende werden die Weibchen unruhig und versuchen, davon zu laufen. Die Paarungsbereitschaft der Weibchen hält nur wenige Tage an. In dieser Zeit können aber mehrere Kopulationen stattfinden.

*Trotz Vorratsbefruchtung sind regelmäßige Verpaarungen ratsam, denn ohne weiteren Sexualkontakt sinkt die Befruchtungsrate. Damit steigt die Gefahr von Eimissbildungen, die zum Tod durch Legenot führen kann.*

Bei vielen Chamäleonarten gibt es das Phänomen der **Vorratsbefruchtung** (*Amphigonia retardata*). Das Weibchen speichert dabei Spermien in einem Vorratssäckchen des Eileiters, dem *Receptaculum seminis*. Mit nur einer einzigen Paarung ohne weitere Kopulationen kann es bis zu fünf Mal Eier ablegen oder Geburten haben.

Ist das Weibchen paarungsunwillig, färbt es sich meist dunkel und nimmt eine Drohhaltung ein. Weibchen vieler Arten besitzen eine besondere, oft kontrastreiche **Trächtigkeitsfärbung**, mit der sie den Männchen deutlich anzeigen, dass sie trächtig sind. Ignorieren hoch erregte Männchen diese optische Abweisung und versuchen, dennoch zu kopulieren, färben sich die Weibchen häufig schwarz. Sie beißen auch wütend um sich, um das Männchen abzuwehren.

Weibchen oviparer Arten graben oft körperlange Gänge zur Eiablage ins Substrat.

## Eiablage (Oviparie)

Trächtige Weibchen verhalten sich oft recht unverträglich. Sie entwickeln einen wahren Heißhunger, sollten jedoch dennoch nicht extrem gemästet werden, da sie sonst zu viele Eier produzieren. Dies zehrt sie aus und erhöht die Gefahr einer Legenot. Die **Trächtigkeit** dauert bei Weibchen Eier legender Arten meist nur wenige Wochen, in denen sie schnell an Gewicht und Umfang zunehmen. Einige Tage vor der Eiablage stellen sie meist die Nahrungsaufnahme ein, weil das Gelege oft die gesamte Bauchhöhle ausfüllt. Sie beginnen mit ersten Probegrabungen. Hat ein Stelle der Bodenschicht die richtige Feuchtigkeit und Temperatur, wird das Gelege abgesetzt. Weibchen von Arten aus trockenen Gebieten graben in der Regel tiefere Gänge als Arten aus feuchten Lebensräumen, die ihre Gelege oft nur oberflächlich oder unter lose am Boden aufliegenden Holzstückchen vergraben.

Weibchen des Jemenchamäleons beim Ausheben der Eiablagegrube.

Nach den Erfahrungen von Chamäleonhaltern scheinen Weibchen nur während eines bestimmten Lebensabschnittes fähig zu sein, für Nachwuchs zu sorgen. Nach dem letzten Gelege oder der letzten Geburt verweigern sie jede Paarung, können aber noch einige Monate weiterleben. In freier Natur sterben Chamäleonweibchen häufig aufgrund ungünstiger Umwelteinflüsse bereits nach nur wenigen (oft nur ein bis drei) Eiablagen oder Geburten.

## Eientwicklung und Schlupf

*Je nach Chamäleonart schlüpfen die Jungen nach fünf bis acht Wochen (Rhampholeon- und Brookesia-Arten) oder nach mehreren Monaten bei den echten Chamäleons. Die Inkubationszeiten sind der jeweiligen Artbeschreibung zu entnehmen (ab Seite 68).*

Bis auf wenige Ausnahmen sind Chamäleoneier oval. **Befruchtete** Eier besitzen eine **schneeweiße**, höchstens leicht **gelblich bis orange** Färbung. Bei der Ablage sind sie sehr **prall**. Die Eischale ist elastisch und ledrig-pergamentartig. Junge Weibchen legen bei der ersten Eiablage häufig **unbefruchtete Eier**. Diese Eier sind oft kleiner oder **deformiert**, eher langgezogen statt oval. Die Farbe ist häufig gelblich statt hellweiß. Die Schale ist weich **ohne Spannung** (Wachseier), schon nach wenigen Tagen beginnen sie zu schimmeln.

Die Eier vieler Erd-, Blatt- und Stummelschwanzchamäleons sind anfangs sehr **klebrig**, weshalb umgebendes Substrat daran hängen bleibt. Dies dient ihrer Tarnung und nicht selten sind die meist nur oberflächlich vergrabenen Eier im Terrarium kaum zu finden. Die weichschaligen Chamäleoneier sind auf feuchtes Substrat angewiesen, anders als etwa hartschalige Schildkröteneier. Ist ein Ei bereits durch Flüssigkeitsverlust stark eingefallen, stirbt der Embryo ab. Kleinere Dellen lassen sich durch vorsichtige Wassergaben wieder beheben, ohne dass der Embryo beschädigt wird.

Die genauen Bruttemperaturen sind den Artbeschreibungen zu entnehmen. Bei konstant hohen Bruttemperaturen schlüpfen Jungtiere deutlich schneller als bei leichter Schwankung der Bruttemperatur. Sie sind dann aber meist kleiner und anfälliger gegenüber denen, die bei niedrigeren Temperaturen oder einer leichten Tag-Nacht-Absenkung erbrütet wurden.

Zur **Embryonalentwicklung** bei Chamäleons sind noch viele Fragen offen. Von Arten aus Gebieten mit ausgeprägten saisonalen Temperatur- und Feuchtigkeitsunterschieden ist bekannt, dass Embryos sich oft nur langsam bis zu einem gewissen Stadium entwickeln oder gar in einen völligen Ruhezustand verfallen. Sie entwickeln sich erst auf einen Auslösereiz hin schnell bis zum Schlupf weiter. Dieser Sachverhalt ist vom Gemeinen Chamäleon *Chamaeleo chamaeleon* (Schlupf kann bei konstanter Bruttemperatur, 25 bis 27 °C, nach 167 bis 338 Tagen erfolgen) oder vom Panterchamäleon *Furcifer pardalis* (Schlupf bei 28 °C nach 159 bis 362 Tagen) bekannt, gilt aber sicher auch noch für andere Arten. Sowohl das Panther- als auch das Gemeine Chamäleon besitzen ein sehr ausgedehntes Verbreitungsgebiet. Die unterschiedliche Inkubationsdauer könnte also populationsabhängig sein, aber auch Schwankungen der Temperatur und der Brutsubstratfeuchtigkeit (z. B. ein Anstieg) werden als Auslöser der Weiterentwicklung der Embryos diskutiert. Für das Teppichchamäleon wurden eindeutig die Temperaturschwankungen während der Inkubation als Auslösereiz zur Weiterentwicklung der Embryos ermittelt. Hier gelingt die Inkubation bei konstant hohen Temperaturen erst überhaupt nicht. Aus den Eiern schlüpfen nur dann Jungtiere, wenn nach etwa 45 Tagen eine wenigstens 40 Tage andauernde „Winter(Ruhe)phase" bei Temperaturen von 10 bis 15 °C eingeschoben wird. Die Embryonen dieser Art können, wie experimentell ermittelt wurde, bis zu 230 Tagen in dieser Ruhephase verharren und lassen sich dann durch Wärme zur Weiterentwicklung anstoßen.

*Bei Eier legenden Reptilien erfolgt der Großteil der Embryonalentwicklung außerhalb der Mutter. Die Eier sind nach der Ablage meist den Klimaverhältnissen ihrer Umwelt ausgeliefert. Die Mutter kann lediglich durch den Zeitpunkt oder den Ort der Ablage, in seltenen Fällen durch Nestbau oder gar Brutpflege einen Einfluß ausüben.*

Bei einigen Reptiliengruppen wie Schildkröten und Geckos hat die Bruttemperatur einen entscheidenden Einfluss auf die Geschlechtsausbildung. Dieses Phänomen (TDS, temperature dependent sex determination = Temperatur abhängige Geschlechtsfixierung) wurde bei Chamäleons bisher kaum untersucht. Es gibt jedoch einige Hinweise, dass sich auch bei Chamäleons bei bestimmten Temperaturen das Geschlechterverhältnis stark verschiebt. Beispielsweise schlüpfen beim Gemeinen Chamäleon *Chamaeleo chamaeleon* bei konstant hohen Temperaturen von um die 28 °C ausschließlich Weibchen, während bei Temperaturschwankungen am Tag von 27 °C und in der Nacht auf 20 °C oder anfangs im Zeitraum von etwa fünf Wochen gleichbleibend bei niedrigen Temperaturen von 18 bis 20 °C und anschließender Tageserhöhung auf 27 °C, das Geschlechterverhältnis etwa bei 1:1 liegt. Konstant niedrige Inkubationstemperaturen führen zum Absterben der Embryonen. Für eine mögliche temperaturabhängige Geschlechtsfixierung spricht, dass Chamäleons keine Hetero-

Schlupf eines Lappenchamäleons: Oft verharren die Jungen, nur den Kopf aus dem Ei gestreckt, noch eine geraume Zeit, bevor sie sich vollständig aus der Schale befreien.

chromosomen (wie beim Menschen das X- und das Y-Chromosom) besitzen. Auch dies wird noch erforscht.

## Lebendgeburt (Vivioviparie)

Bei nur 28 Arten (Masurat, 2000) der Gattungen *Bradypodion* und *Chamaeleo (Trioceros)*, aber nicht bei allen Vertretern dieser Gattungen, kommt es zum Absetzen lebender Jungtiere. Man spricht hier von vivioviparen Arten. Die Entwicklung vom Ei zum fertigen Jungtier vollzieht sich je nach Art über einen Zeitraum von drei bis sechs Monaten. Sie erfolgt in einer durchsichtigen (nicht verkalkten) Eihaut im Körper der Mutter.

Ein Helmchamäleon-Weibchen streift ein Junges mit Eihaut bei der Geburt an einem Ast ab.

Einige Tage vor der **Geburt** werden die weiblichen Tiere unruhig und beginnen, wie die Weibchen Eier legender Arten unruhig im Terrarium umher zu wandern – allerdings ohne zu Graben. Bei der „Geburt" streift oder setzt die Mutter die noch in der Eihaut befindlichen Jungen an rauen Gegenständen wie an der Rinde von Einrichtungsästen ab. Anfangs verharren die Jungtiere noch einen Moment und befreien sich durch streckende und heftige Bewegungen von der Eihaut. Ab dann sind sie sehr lebhaft. Jungtiere werden meist am späten Vormittag abgesetzt, je nach Wurfgröße dauert dies bis zu drei Stunden. Spätesten am Tag nach ihrer Geburt fressen die Jungen bereits das erste Mal.

## Aufzucht der Jungtiere

Frisch geschlüpfte oder neugeborene Chamäleons haben in den ersten Stunden einen starken Bewegungsdrang, der sie auseinanderstreben lässt – in freier Natur wohl deshalb, damit sie sich weiträumig verteilen und sich nicht gegenseitig die Nahrung streitig machen.

Die Aufzucht im Terrarium kann bei vielen Arten bei gutem Futterangebot zwar in größeren Gruppen erfolgen, dennoch hat sich die **Aufzucht in Kleingruppen** von vier bis sechs Tieren als besser bewährt. Bleiben bei der Gruppenaufzucht einzelne Tiere in der Größe und Vitalität zurück (Anzeichen von Stress), müssen sie schnell einzeln gesetzt werden. Sitzen sie bereits apathisch mit geschlossenen Augen da und reagieren nur noch auf Anstoßen, kommt die Hilfe meist zu spät. Bei der Gruppenaufzucht sehr friedlicher, ruhiger Arten können erst nach einigen Tagen oder Wochen **Unverträglichkeiten** auftreten: zu erkennen an der dunklen Stressfärbung einzelner Tiere. Dann muss der Pfleger eingreifen und schwache Tiere einzeln aufziehen. Mit dem Eintritt der Geschlechtsreife können viele Chamäleons nur noch einzeln gepflegt werden.

*Wichtig für den Schlupferfolg ist die allmähliche Abtrocknung (jedoch nicht vollständige Austrocknung) des Brutsubstrates in den letzten Inkubationswochen. Wird kurz vor dem Schlupf zu stark nachgefeuchtet, können die Jungen oft die Eischale nicht öffnen. Sie ertrinken förmlich im Ei.*

Die Praxis der Aufzucht von Chamäleons hat gezeigt, dass die **Einzelaufzucht optimal** ist, weil sich besonders die männlichen Jungtiere gegenseitig unterdrücken. Dies zeigt sich dann im unterschiedlichen Wachstum der Tiere. Böhle (mündliche Mitt.) bemerkte, dass Männchen, die in Gruppen aufgewachsen sind, nicht so intensiv balzen wie einzeln aufgezogene Tiere.

Generell sollten junge Chamäleons etwas **kühler gehalten** werden als ihre Eltern. Wegen ihres geringeren Körpervolumens können sie schneller überhitzen oder „austrocknen“. Jungtiere bevorzugen in der freien Natur zum Schutz vor Beutegreifern meist dichte Vegetationzonen, in denen geringere Temperaturen und höhere Luftfeuch-

**Erbrüten des Geleges im Inkubator**

Das Gelege sollte nach der Ablage vorsichtshalber aus dem Terrarium entfernt und zum **Erbrüten** in einen **Inkubator** überführt werden. Feuchtigkeit und Temperatur können dort besser überprüft werden und die Gefahr mechanischer Beschädigungen durch übrig gebliebene Futterinsekten oder grabende Mitbewohner entfällt.

- Zur Entnahme **markiert** man die im Terrarium freigelegte Eier an der Oberfläche mit einem weichen Bleistift.
  Diese markierten Eier werden ohne sie zu verdrehen, sonst kann der Embryo absterben, in einen mit Brutsubstrat (wie Vermiculite oder Perlite) gefüllten Behälter überführt. Gut eignen sich dazu Kunststoff- oder Heimchendosen, die fast luftdicht mit Deckeln verschlossen werden, damit das Brutsubstrat nicht zu schnell austrocknet.
- Die Eier werden nur etwa bis zur Hälfte ins leicht feuchte Substrat eingebettet, um ihre Kontrolle zu erleichtern.
- Während der ersten Inkubationswochen nehmen die Eier deutlich an Größe und Volumen zu. Befruchtete Eier sind oval, weiß und prall, wobei die Eischale aber bei leichtem Fingerdruck noch etwas nachgibt.
  Treten an den Eiern leichte Einbuchtungen Eiern auf, ist das Substrat in kleinen Portionen anzufeuchten. Die Eier selbst werden nicht beträufelt, sonst schimmeln sie.
- In der Endphase der Inkubation können die Eier bei zu nassem Substrat zuviel Wasser aufnehmen. Es besteht die Gefahr, dass die Jungtiere in der Eiflüssigkeit „ertrinken“.

*Werden die Chamäleongelege nicht bei stets konstanter Temperatur, sondern mit einer von der jeweiligen Art abhängigen Nachtabsenkung inkubiert, schlüpfen die Jungen später, sind jedoch weit kräftiger und vitaler.*

Augenblick, in dem sich ein frisch abgesetztes Jungtier vom Dreihornchamäleon durch Streckbewegungen aus der Eihaut befreit. Ein bereits früher geborenes Jungtier klettert schon eifrig durchs Geäst.

tigkeitswerte herrschen als an den Aufenthaltsorten der Elterntiere. Die Zimmertemperatur von 20 bis 22 °C ist für die Aufzucht vieler Chamäleons gut geeignet, 25 °C sollten für die meisten Arten nicht überschritten werden. Die Abwärme einer Leuchtstoffröhre reicht zur **Erwärmung kleiner Aufzuchtterrarien** in der Regel völlig aus (falls die Jungen sich bis auf wenige Zentimeter der Röhre nähern können), denn die Jungtiere neigen in geradezu selbstmörderischer Weise dazu, sich zu nah und zu lange vor der Wärmequelle aufzuhalten. Sie scheinen noch keinen kontrollierenden Instinkt dafür zu besitzen, wann die Hitze gefährlich wird.

Junge Chamäleons werden regelmäßig und öfter getränkt als ausgewachsene Tiere und sie sollen in den ersten sechs bis acht Wochen gut im **Futter** stehen. Sind sie dann stabil, werden sie wegen der gesundheitlichen Risiken des zu schnellen Wachstums nur noch jeden zweiten Tag gefüttert.

# Ausgewählte Arten

## Fischers Chamäleon (*Bradypodion fischeri*)

Weibchen der Unterart *B. f. multituberculatum.*

**Größe:** Männchen bis knapp 40 cm, Weibchen meist unter 30 cm; im Terrarium aber beide Geschlechter wesentlich kleiner. Einige Weibchen können ebenfalls Hörner (bis zu 8 mm), die jedoch deutlich kürzer sind als beim Männchen, ausbilden.

**Lebenserwartung:** Im Terrarium durchschnittlich 4 bis 5 Jahre.

**Verbreitung:** Tansania

**Lebensraum:** Ursprünglich an Rändern von Regenwäldern auf Sträuchern und kleineren Bäumen in Höhenlagen zwischen 800 bis 1700 m, inzwischen besiedeln die Tiere auch Plantagen und Gärten in der Nähe menschlicher Siedlungen.

**Haltung:** Meist nur einzeln möglich, selten auch paarweise in sehr großen, dicht bepflanzten Terrarien (Größe: 120 cm × 60 cm × 150 cm) mit vergrößerter Drahtgazelüftung im Deckel.

**Temperatur:** Tagsüber um 22 bis 25 °C, maximal 30 °C, unter lokalem Wärmespot bis 35 °C, Nachtabsenkung auf 14 bis 18 °C.

**Luftfeuchtigkeit:** Tagsüber 50 bis 70 %, nachts ansteigend bis 80 %.

**Ernährung:** Verschiedene Insekten. Die Art wird zudem verschiedentlich als ausgeprägter Reptilienfresser bezeichnet, also nicht mit kleinen Reptilien vergesellschaften!

**Fortpflanzung:** Paarungswillige Weibchen sind satt hellgrün gefärbt, selten gibt es braune *B.-f.-multituberculatum*-Weibchen. Die Paarungsbereitschaft der Weibchen hält bis zu 10 Tagen an. Die Weibchen vergraben nach etwa 47 bis 55 Tagen bis zu 23 Eier in 15 bis 20 cm Tiefe. Nach Necas sind die Aussichten für eine erfolgreiche Inkubation günstig, wenn während der ersten 6 Monate die Inkubationstemperatur tagsüber 22 °C und nachts 17 °C beträgt, danach während 4 Monate eine Temperaturerhöhung auf 25 °C. Henkel und Heinecke nennen als beste Temperaturen 20 bis 23 °C, wonach die Jungen bereits nach 180 Tagen schlüpfen.

Ein Beispiel aus Zucht des Autors: Das Jungtier eines am 28.08. abgesetzten Geleges schlüpfte am 02.02. des darauffolgenden Jahres nach 248 Tagen Inkubation, ein weiteres am 04.05., also nach 250 Tagen. In den ersten Monaten stand das Gelege lediglich auf einem Terrarium und die Temperatur schwankte tagsüber zwischen 20 bis 25 °C, nachts kühlte es z.T. deutlich unter 20 °C ab. Die letzten 2 Monate wurde das Gelege in einem Inkubator mit tagsüber um 24 bis 26 °C bebrütet. Vermutlich benötigen die verschiedenen Unterarten verschiedene Inkubationstemperaturen.

**Besonderheit:** Im Moment werden 3 Unterarten von *Bradypodion fischeri* anerkannt: *B. f. fischeri* von den Nguru Mts. und dem Ostteil der Usambara Mts. in Tansania, *B. f. multituberculatum* (die am häufigsten angebotene Unterart) vom Westteil der Usambara Mts. in Tansania und *B. f. ulugurensis* von den Uluguru Mts. in Tansania. Es gibt aber noch weitere abweichende Varianten, sodass durchaus mit der Beschreibung weiterer Unterarten gerechnet werden kann. Zusammen mit den eng verwandten Arten *Bradypodion excubitor, Bradypodion tavetanum* und *Bradypodion uthmoelleri*, die z.T. auch schon als Unterarten von *Bradypodion fischeri* geführt wurden, bilden diese Arten und Unterarten den so genannten *Bradypodion-fischeri*-Komplex, dessen Systematik bisher noch nicht vollständig geklärt wurde.

Weibchen mit geringem Hornansatz.

## Taita Hills Zweihornchamäleon (*Bradypodion tavetanum*)

**Größe:** Männchen maximal 18 bis 20 cm, Weibchen bis 16 cm.

**Lebenserwartung:** In freier Natur nur etwa 2 Jahre, im Terrarium bisher keine Angaben, vermutlich 3 bis 4 Jahre möglich.

**Verbreitung:** Ostafrikanischer Endemit, der bisher nur auf 3 Bergmassiven im tansanisch-kenianischen Grenzbereich (Mt. Kilimandscharo, Mt. Meru und N Pare Mts. in Tansania) gefunden wurde. In den Taita Hills in Kenia lebt die von Lutzmann & Necas (2002) beschriebene Unterart *B. t. boehmei*.

Taita Hills Zweihorn-chamäleon.

**Lebensraum:** Auf Bäumen und Büschen an Waldrändern, aber auch im Wald selbst in Höhen von 800 bis 2700 m.

Als Kulturfolger auch in Kaffeplantagen, Gärten und an Büschen an Wegrändern.

**Haltung:** Einzeln, in großen, dicht bepflanzten Terrarien z.T. auch als Zuchtgruppe mit einem Männchen und 2 Weibchen möglich. Bei der Paar- oder Gruppenhaltung kann es aber immer wieder einmal vorkommen, dass die Schnauzenfortsätze der Männchen bei Beissereien von den Weibchen „gekürzt" werden. Das Terrarium muss eine gute Belüftung besitzen, wenigstens ein Drittel bis zur Hälfte des Deckels vergrößerte Gazefläche, statt der normalerweise 5 cm Lochblechlüftung bei Standartbecken. Die Tiere halten sich gern im Pflanzendickicht in Zonen mit diffusem Licht auf. Für die Beleuchtung kleiner Terrarien genügen Leuchtstoffröhren und kleine Halogenspots als lokale Sonnenplätze, die nur bei niedrigen Lufttemperaturen aufgesucht werden.

**Temperatur:** Lufttemperatur von tagsüber 22 bis 26 °C ist ausreichend, denn die Tiere meiden hohe Temperaturen. In ihrem Lebensraum steigen die Temperaturen je nach Jahreszeit auf maximal 25 bis 30 °C. Mittels mildem, nur stundenweise betriebenem Spot einen lokalen Wärmeplatz mit etwa 35 °C anbieten. Nachts muss die Temperatur deutlich unter 20 °C absinken. In freier Natur fällt die Temperatur nachts auf etwa 12 bis 16 °C ab, von Juli bis September gelegentlich sogar bis unter 8 °C. Eine Haltung im Sommer in Gazeterrarien in halbschattigen Lagen des Gartens ist möglich.

**Luftfeuchtigkeit:** Tagsüber um 50 %, nachts bzw. morgens auf über 80 % ansteigend, deshalb am Abend und am Morgen kräftig sprühen.

**Ernährung:** Alle kleinen bis mittelgroßen Futterinsekten.

**Fortpflanzung:** Ganzjährig möglich. Die Weibchen sind meist grün gefärbt und bilden im Gegensatz zu den Männchen keine oder höchstens angedeutete Schnauzenfortsätze aus. Die Männchen sind meist braun und grün gefärbt und können türkise, gelbliche und rote Farbtöne aufweisen. Nach etwa 30 bis 40 Tagen vergraben die Weibchen 6 bis 14 Eier in feuchter Erde. Stegemann inkubierte Gelege bei Zimmertemperaturen tagsüber bei 23 °C und nachts bei 17 °C, z.-T. bis 15 °C. Der Eibehälter wird mit dem Gelege aufs Terrarium oder ins Zimmer gestellt und nicht in einen Brutapparat überführt. Der Schlupf der Jungtiere erfolgt dann nach etwa 193 bis 231 Tagen. Böhle (schriftl. Mitt.) inkubierte Gelege von Tansania-Tieren 162 bis 187 Tage bei tagsüber 20 bis 22 °C, nachts bei 16 bis 18 °C. Danach überführte er die Eier in den Inkubator bei gleichmäßigen Temperaturen von 24 bis 25 °C. Die Jungtiere schlüpften so nach 248 bis 273 Tagen. Die Jungen können einzeln, aber auch in kleinen Gruppen aufgezogen werden. Dabei sollten die Temperaturen tagsüber 25 °C nicht überschreiten und nachts deutlich unter 20 °C abfallen. Die schnellwüchsigen Jungtiere erreichen bereits nach 5 bis 6 Monaten die Geschlechtsreife.

**Besonderheit:** Es handelt sich um eine sehr agile, etwas scheue aber sehr lebhafte Chamäleonart, die im Terrarium ständig unruhig umherläuft (daher nicht in zu kleinen Behältern halten!). Will man die Tiere ergreifen, springen sie hektisch und fast ziellos davon.

## Jemenchamäleon (*Chamaeleo calyptratus*)

**Größe:** Männchen bis 62 cm, durchschnittlich nur 40 bis 50cm, Weibchen bis maximal 45 cm, meist jedoch deutlich kleiner.

**Lebenserwartung:** In freier Natur kaum 3 Jahre, im Terrarium Männchen durchschnittlich 5 Jahre, es sind sogar 8 bis 10 Jahre möglich. Weibchen, die regelmäßig verpaart werden und Eier austragen erreichen meist nur ein Alter von 2 bis 3 Jahren. Es gibt auch Literaturangaben von bis zu 7 Jahren.

**Verbreitung:** Südliche Arabische Halbinsel, von der Asir-Provinz Saudi-Arabiens bis nach Aden im Jemen.

Männchen im Freiland.

**Lebensraum:** Vor allem vegetationsreiche Wadis an der Westseite des Küstengebirges, sehr häufig in einem feuchten Hochtal (1200 bis 2000 m) zwischen Taizz und Ibb im Jemen. Daneben gibt es aber auch einzelne Populationen meist ebenfalls in Wadis mit Wasserführung in den trockenen, zentralen Hochebenen. Im feuchten Hochtal von Ibb herrscht subtropisches bis tropisches Klima mit zwei Regenzeiten je Jahr. Die Tiere leben auf Bäumen (Akazien), Sträuchern, Sukkulenten und anderen Pflanzen, aber auch auf Nutzpflanzen in Feldern (Mais), sogar auf dem Boden. Nachts schlafen sie an den Enden von Ästen, in Gegenden mit starker Nachtabkühlung aber auch schon mal in Spalten am Boden oder zwischen der Bodenvegetation.

**Haltung:** Einzeln in Standardterrarien. Die Tiere besitzen kein erhöhtes Frischluftbedürfnis, eine vergrößerte Lüftungsfläche aus Drahtgaze im Terrariendeckel sollte vorhanden sein. In großen Terrarien oder Wintergärten ist die Paarhaltung oder ein Männchen mit mehreren Weibchen möglich. Terrarium mit kräftigen Pflanzen und Kletterästen ausstatten. Als Bodensubstrate eignen sich Sand oder Sand-Erdmischungen. Auch die freie Haltung im Zimmer oder im Blumenfenster, ist möglich, dann jedoch auf regelmäßige Wasseraufnahme (mit Pipette tränken) achten.

**Temperatur:** Lufttemperatur im Tagesverlauf 25 bis 35 °C, an lokalem Sonnenplatz bis 45 °C, nachts Zimmertemperatur. Im Winter können die Temperaturen etwa 5 bis 8 °C niedriger liegen.

**Luftfeuchtigkeit:** Tagsüber um 40 bis 50 %, nachts auf 80 % ansteigend, täglich morgens und abends kräftig sprühen.

**Ernährung:** Gefräßige Echse, die bei reichlicher Fütterung leicht verfettet. Frißt verschiedene Insekten, Gliedertiere, Schnecken, in freier Natur auch kleine Echsen und Kleinsäuger. Aber auch pflanzliche Kost, wie junge

Ficusblätter, frische Triebe, weiches Gemüse (Tomaten), Ackersalat, Löwenzahn oder Obststückchen (z.B. Kirschen, Erdbeeren) werden nicht verschmäht, wobei individuelle Nahrungsvorlieben auftreten.

**Fortpflanzung:** Die Paarungszeit erstreckt sich in freier Natur von September bis Oktober, im Terrarium ist die Nachzucht aber ganzjährig möglich. Paarungsbereite Weibchen verändern ihre Färbung beim Zusetzen des Männchens nicht. Innerhalb von 3 bis 4 Tagen kommt es zu mehreren Kopulationen. Die Trächtigkeit wird durch eine charakteristische Färbung angezeigt und weitere Annäherungen abgewehrt. Bei ausreichender Fütterung kommt es etwa nach einem Monat zur Eiablage. Das Gelege umfaßt 12 bis 93, durchschnittlich 30 bis 40 Eier. Die besten Brutergebnisse werden nicht bei konstant hohen Temperaturen, sondern bei Nacht-Tag-Schwankungen der Bruttemperatur zwischen 20 bis 30 °C und nicht zu feuchtem Brutsubstrat erzielt. Die Jungen schlüpfen dann nach etwa 200 Tagen zu fast 100 %, sind recht kräftig und messen bis zu 7 cm. Auch die Aufzucht in kleinen Gruppen bereitet keine Probleme. Die Temperatur etwas tiefer (tagsüber bis 28 °C, nachts um 22 °C) als bei den Elterntieren halten. Die schnellwüchsigen Jungen können bei überreichen Futtergaben (dann sind unbedingt hohe Vitamin- und Kalziumgaben nötig) bereits nach 3 bis 4 Monaten geschlechtsreif werden.

Weibchen.

**Besonderheit:** Das Jemenchamäleon ist ein schönes, imposantes Chamäleon, das auch Anfängern empfohlen werden kann. Die Geschlechtbestimmung ist einfach, bereits beim Schlupf tragen die Männchen kleine Fersenhöcker(sporne) am Hinterbein.

## Kammchamäleon (*Chamaeleo (Trioceros) cristatus*)

**Größe:** Weibchen bis knapp 30 cm, Männchen bis 26 cm.

**Lebenserwartung:** Im Terrarium wohl 5 Jahre, in Ausnahmefällen wohl auch weitere.

**Verbreitung:** Im westlichen Zentralafrika weit verbreitet. Das Verbreitungsgebiet reicht von Ghana über Togo, Benin, Nigeria, Kamerun sowie der Kamerun vorgelagerten Insel Fernando Poo bis in die zentralafrikanische Republik, südlich über Äquatorial Guinea, Gabun bis in den Kongo.

**Lebensraum:** Im recht dichten Urwald auf Büschen und Bäumen in Regenwälder des Küstentieflandes bis in etwa 900 m Höhe.

Männchen in Balzfärbung.

**Haltung:** Paarweise oder ein Männchen mit mehreren Weibchen in dichtbepflanzten Regenwaldbecken möglich. Mittels Spotstrahler lokalen Aufwärmplatz anbieten. Temperatur tagsüber bis 25 °C, kurzfristig auch bis über 30 °C, mit steigender Temperatur ziehen sich die Kammchamäleons immer weiter in Richtung Boden zurück, während sie sich bei kühleren Temperaturen durchaus auch im oberen Terrarienbereich aufhalten. Nachtabsenkung der Temperatur wenigstens auf 18 bis 20 °C, im Winter auch problemlos bis auf 10 °C.

**Luftfeuchtigkeit:** Am Tage 60 bis 80 %, nachts bis 100 % ansteigend. Dadurch morgens und abends kräftig sprühen.

**Ernährung:** Verschiedene Insekten, bevorzugt auch Käfer und Schaben.

**Fortpflanzung:** Die Weibchen vergraben durchschnittlich 15 bis 26 Eier (Necas (1999) nennt bis zu 37 Eier) im feuchten, nicht zu warmen Terrarienboden. Böhle (mündliche Mitt.) stellte die Gelege im Zimmer ab, tagsüber betragen die Temperaturen etwa 22 °C, gelegentlich auch bis 24 °C, nachts meist 20 °C, manchmal auch 18 °C. Jungtiere haben eine Kopf-Rumpf-Länge von 2 bis 2,5 cm. Sie schlüpften nach etwa 10 Monaten, die Schlupfrate betrug 100 %.

Normalfarbiges Weibchen.

Die Aufzucht der Jungen bereitet bei Zimmertemperatur keine Probleme. Höhere Temperaturen, bis zu 25 °C werden von ihnen kurzfristig problemlos überstanden, sollten aber nicht auf Dauer vorherrschen. Eine Gruppenaufzucht ist möglich, die Einzelaufzucht jedoch besser. Die Jungtiere werden bei relativ kühler Aufzucht erst mit etwa 2 bis 2,5 Jahren, also recht spät, geschlechtsreif.

**Besonderheit:** Die Art kommt nur gelegentlich in den Handel. Können gut eingewöhnte Tiere erworben werden, erweisen sie sich im Terrarium als sehr ausdauernd und werden sehr alt. Entgegen des schlechten Rufs ist diese Art sehr gut für die Terrarienhaltung geeignet. Probleme bei der Haltung ergeben sich, wenn diese „Tieflandart" zu warm gehalten wird. Da die angebotenen Tiere meist aus Kamerun stammen und oft zusammen mit Bergchamäleons *Chamaelo montium* und Vierhornchamäleons *Chamaeleo quadricornis* importiert werden, werden sie wohl auch meist mit diesen beiden Chamäleonarten zusammen in höheren Lagen gefangen.

## Ostafrikanisches oder Jackson's Dreihornchamäleon (*Chamaeleo (Trioceros) jacksonii*)

**Größe:** Tiere der größten Unterart *Chameleo j. xantholophus* erreichen eine Gesamtlänge von bis zu 35 cm, die der nominotypischen Unterart *Chameleo j. jacksonii* bis zu 25 cm. Tiere der dritten Unterart *Chameleo j. merumontanus* erreichen nur eine Gesamtlänge von etwa 16 cm.

**Lebenserwartung:** In freier Natur etwa 3,5 Jahre, im Terrarium im Durchschnitt 5 bis 6 Jahre, selten sogar bis 11 Jahre.

**Verbreitung:** Das Hauptverbreitungsgebiet des Jackson's Dreihornchamäleon liegt in Kenia und reicht bis in den Norden des angrenzenden Tansanias. Die nominotypische Unterart *Chamaeleo j. jacksonii* kommt in Kenia westlich und südwestlich des Mount Kenias bis nach Nairobi in Höhen von 1700 bis 2800 m vor. *Chamaeleon j. xantholophus*

Prächtiges, ausgewachsenes Männchen.

östlich und südlich des Mount Kenias in Höhenlagen von 1400 bis 2200 m, sowie scheinbar auch in der Gegend von Marsabit (etwa 250 km nördlich des Mount Kenias in 705 m Höhe) vor. Die kleinste Unterart, *Chamaeleo j. merumontanus* lebt im Umland des Mount Meru etwa in 2500 m Höhe im Norden Tansanias. Eine vollständige zoogeographische-systhematische Erschließung des Verbreitungsgebietes steht noch aus. So existieren neben Unterart-Bastarden auch Einzelfunde aus dem Usambara-Gebirge in Tansania. Die auffällig bunt gefärbten, in Terrarianerkreisen oft als *Ch. j. willegensis* bezeichneten Tiere sind keine gültige Unterart, sondern lediglich eine Farbvariante der sehr variablen Nominatform *Ch. j. jacksoni.* Bemerkenswerter Weise etablierten sich mehrere Populationen von *Chamaeleo j. xantholophus* auf den Hawaii-Inseln Oahu, Maui und Hawai, die von 36 Tieren abstammt, welche 1972 auf Hawaii ausgesetzt wurden.

**Lebensraum:** Das Dreihornchamäleon bewohnt bevorzugt Bäume und Sträucher in 2 bis 5 m Höhe, sowohl in Busch- als auch in Baumsavannen, in lichten Gehölzbeständen sowie auch in feuchten Bergwäldern. Es besiedelt aber auch Kaffeeplantagen und sogar Gärten und Parks im Gebiet Nairobis. Im Hochland Kenias ist das Klima gemäßigt und mit einer deutlichen Nachtabsenkung der Temperatur. Es gibt im Jahr zwei Regenzeiten.

**Haltung:** Die ruhige, verträgliche und dem Pfleger gegenüber nicht scheue Art kann nur in großen Terrarien paarweise oder gar in kleinen Gruppen (ein Männchen mit mehreren Weibchen) gehalten werden. In kleinen Terrarien ist für eine großzügige Luftzirkulation durch wenigstens zwei große Gazeflächen, im Deckel und an einer Terrarienseite, zu sorgen. Im Frühjahr und im Sommer, etwa von Mai bis September sind Freilandaufenthalte sehr zu empfehlen. Auch eine freie Haltung im Blumenfenster oder in Zimmer ist möglich. Die Tiere werden jeden zweiten Tag mit einer Pipette gezielt getränkt. Sehr gut zur Pflege im Terrarium eignet sich die am häufigsten gepflegte und vermehrte Unterart *Chamaeleo j. xantholophus*, auf deren Haltung nun im Folgenden näher eingegangen wird.

**Temperatur:** Tagsüber um 24 bis 26 °C, etwas höhere Temperaturen werden kurzzeitig problemlos vertragen, allerdings sollten die Temperaturen 30 °C nicht übersteigen, sonst droht der Tod durch Überhitzung. Ein milder Wärmespot wird den Tieren in den Vormittagsstunden zum Wärmetanken angeboten. Die Wärmezufuhr muss nicht den ganzen Tag erfolgen. Eine Nachtabsenkung der Temperatur auf wenigstens 15 bis 18 °C ist notwendig. Bei der Haltung von Tieren der beiden anderen Unterarten, die zum Teil aus deutlich höheren Lagen stammen, sollte die Temperatur tagsüber nicht dauerhaft über 25 °C steigen (meist genügt die Abwärme der Leuchtstoffröhren), nachts bis 10 °C abfallen, jedoch niemals 5 °C unterschreiten.

**Luftfeuchtigkeit:** Tagsüber genügen 50 bis 60 %, nachts 80 bis 90 %. Daher morgens und abends kräftig sprühen.

**Ernährung:** Alle Arten von Insekten, Gliedertieren sowie auch kleine Nackt- und Gehäuseschnecken, die intertessanterweise nicht geschossen, sondern direkt mit dem Maul aufgenommen werden.

**Fortpflanzung:** Die Geburten erfolgen auch im Terrarium, im Fortpflanzungsrhythmus aus ihren natürlichen Lebensräumen entsprechend, vor allem im Winter (Dezember und Januar) sowie im Sommer (Juni und Juli). Innerhalb von etwa 2 bis 4 Wochen nach dem Absetzen kommt es meist zu erneuten Paarungen. Weibchen können Spermien aber auch speichern und ohne erneute Paarung Junge absetzen. Sind die Weibchen nicht paarungsbereit, färben sie sich fast schwarz, sitzen geduckt mit eingerolltem Schwanz auf ihrem Ast und beginnen mit dem Körper hin und her zu wackeln, sobald sich ein Männchen nähert. Häufig drohen sie auch mit weit aufgesperrtem Maul. Paarungsbereite Weibchen bleiben relativ ruhig, färben sich hellgrün und strecken den Schwanz aus, wenn sich das Männchen von hinten zur Kopulation nähert. Die Paarungsbereitschaft hält bis maximal 30 Tage an. Die Weibchen besitzen keine spezielle, farbige Trächtigkeitsfärbung, sondern diese wird durch eine dunkle Grundfärbung mit einer hellgrünen Fleckenzeichnung angezeigt. Die Trächtigkeit dauert etwa ein halbes Jahr. Hochträchtige Weibchen werden einige Tage vor dem bevorstehenden Absetzen der Jungen auffällig unruhig und stellen meist die Nahrungsaufnahme ein. Die Anzahl der Jungen beträgt etwa 25 bis 30, beim ersten Wurf sind es oft nur 15, sie steigt von Wurf zu Wurf bis maximal 51 Jungtiere an. Sie werden meist am späten Vormittag abgesetzt. Dabei streifen die Weibchen die Gelege bevorzugt an rauer Rinde oder an Ästen ab, die Eihaut bleibt daran meist kleben. Die Jungen ruhen noch einen Moment zusammengekauert in der Eihaut, bevor sie sich durch heftige Streckbewegungen befreien. Die Jungen fressen und trinken schon kurze Zeit nach ihrem „Schlupf“. Als Grundtemperatur genügen 15 °C, eine Leuchtstoffröhre kann die Temperatur tagsüber auf 18 bis 22 °C erhöhen, im Aufzuchtterrarium nicht höher als 25 °C,

Dreihornchamäleon-Männchen kurz vor dem Kommentkampf.

nachts sind 10 bis 15 °C von Vorteil. Terrariendeckel und eine Terrarienseite der Aufzuchtterrarien müssen mit Drahtgaze ausgestattet werden. Anfangs sind die Jungtiere grau, braun, schwarz gefärbt, sie tragen ein weißliches flechtenartiges Muster. Jungentiere wachsen nicht übermäßig schnell, können aber nach 8 bis 10 Wochen bereits Futtertiere in Stubenfliegengröße fressen. Unter günstigen Terrarienbedingungen und bei hohen Futtergaben können sie bereits nach 6 Monaten geschlechtsreif werden und sich erstmals verpaaren, eine langsamere Aufzucht ist jedoch zu bevorzugen.

Junge Weibchen sind ähnlich wie die Jungtiere graubräunlich gefärbt. Sie färben sich erst nach etwa einem Jahr (häufig nach der ersten Trächtigkeit) in ein schönes kräftiges Grün um. *Chamaeleo j. xanthohophus*-Weibchen können zwei Würfe im Jahr absetzen, während ihres Lebens bis zu fünf. Mit etwa 3 bis 4 Jahren stellen sie ihre geschlechtliche Aktivität ein, Männchen sind noch etwas länger sexuell aktiv. Bei den beiden anderen Unterarten sollen Weibchen pro Jahr nur einen Wurf absetzen. Bei der Unterart *Chamaeleo j. jacksonii* beträgt die Wurfgröße durchschnittlich etwa 22 Jungtiere, bei *Chamaeleo j. merumontanus* nur etwa 10 bis 15 Jungtiere.

**Besonderheit:** Bei der Verpaarung nur Tiere der selben Unterart zusammensetzen, um Unterart-Bastarde zu vermeiden. Die Männchen aller bisher bekannten Unterarten tragen drei gut ausgebildete Hörner. Dagegen fällt die Hornausbildung der Weibchen völlig unterschiedlich aus. Während die Weibchen von *Chamaeleo j. xantholophus* gänzlich hornlos sind, variiert die Hornanzahl der Weibchen von *Chamaeleo j. jacksonii* von 0 bis 3 (diese sind jedoch kleiner als bei den Männchen). Die Weibchen von *Chamaeleo. j. merumontanus* tragen nur ein Nasenhorn, es erreicht fast die Länge des männlichen Nasenhorns. Die Unterart *Chamaeleo j. xantholophus* wurde Ende der 70er-Jahre des vergangenen Jahrhunderts als erste Chamäleonart erstmals in größerem Umfang und über mehrere Generationen hinweg vermehrt.

## Helmchamäleon (*Chamaeleo* (*Trioceros*) *hoehnelii*)

**Größe:** 20 bis 25 cm.

**Lebenserwartung:** 2 bis 4 Jahre.

**Verbreitung:** In Kenia und Uganda.

**Lebensraum:** In Büschen und Sträuchern der Berge oberhalb 1200 m Höhe bis über 3000 m.

**Haltung:** Paarweise, in großen Terrarien sogar in Gruppen mit zwei Männchen möglich. Die Terrarien werden dicht bepflanzt und ausreichend mit

Männchen des Helmchamäleons, gescheckte Variante.

Ästen für Klettermöglichkeiten ausgestattet. Da die Art ein große Spanne in der Höhenverbreitung besitzt, sind Angaben bezüglich der Obergrenze der Haltungstemperatur schwierig. Generell sollten die Behälter gut belüftet werden, denn auch erwachsene Tiere vertragen Temperaturen über 25 °C nur kurz. Meine Helmchamäleons (gelbköpfige Variante, Foto Seite 33) halte ich von April bis etwa Ende September im Drahtgazegehege an einem halbschattigen Platz (nur mit Morgensonne) zwischen zwei Bäumen unter einer Hecke. Eine Temperatur von 30 °C im Hochsommer, im Schatten, mehrere Tage hintereinander beinträchtigten so gehaltene Tiere nicht. In den natürlichen Lebensräumen kommt es nachts an der Obergrenze des Verbreitungsgebietes dieser Art sogar zur Frostbildung, die den Tieren kurzzeitig nicht schadet. Vorteilhaft ist es, die Terrarien für Helmchamäleons in kühlen Räumen aufzustellen und nur mit Neonröhren zu beleuchten. Morgens und abends wird den Tieren ein bis zwei Stunden Aufwärmgelegenheit durch wattschwache Spotstrahler gegeben. Helmchamäleons sonnen sich bei jeder Möglichkeit ausgiebig, deshalb kann es bei Dauerbetrieb des Wärmespots zu Verlusten durch Überhitzung kommen. Tagsüber genügt die Wärmeentwicklung der Neonröhre vollkommen, denn die Tiere fressen bereits bei Temperaturen unter 10 °C.

**Temperatur:** Tagsüber um 20 °C bis maximal 25 °C, nicht auf Dauer über 25 °C, deutliche Nachtabsenkung auf 10 bis 15 °C.

**Luftfeuchtigkeit:** Tagsüber genügen Werte um 50 bis 60 %, nachts ansteigend bis auf 100 %, morgens und abends zwei Mal täglich ausgiebig sprühen.

**Ernährung:** Verschiedene Insekten, besonders verschiedene Fliegenarten und Schmetterlingsraupen.

**Fortpflanzung:** Die Paarung verläuft ruhig und harmonisch. Nach meiner Erfahrung paaren sich die Tiere auch abends, kurz nach dem Erlöschen der Beleuchtung. Die Kopulation dauerte mindestens 20 bis 30 Minuten. Weibchen sind mehrere Tage paarungsbereit. Nach erfolgreicher Verpaarung entwickeln sie einen regelrechten Heißhunger. Die Tragezeit dauert etwa 4 bis 6 Monate. Ein Wurf kann bis zu 28 Jungtiere umfassen. Beim Absetzen, das normalerweise in den Vormittagsstunden erfolgt, werden die Jungtiere in den durchsichtigen Eihüllen an Ästen abgestreift oder einfach nur fallen gelassen. Jungtiere verharren noch etwas in den Eihüllen, bevor sie sich durch heftige Bewegungen befreien. Frisch geborene Junge werden von ihren Eltern nicht behelligt, sollten aber getrennt aufgezogen werden. Die Temperatur von 22 °C sollte dabei nicht überschritten werden. Nachts empfiehlt sich eine Absenkung auf 15 °C und darunter. Junge Helmchamäleons müssen vor starken Wärmequellen geschützt werden. Aufzuchtterrarien vorsichtshalber nur mit Leuchtstoffröhren beleuchten. Diese Art erlangt mit 5 bis 6 Monaten die Geschlechtsreife. Weibchen setzen in ihrem Leben etwa vier Würfe ab.

Erregtes Weibchen des Helmchamäleons.

**Besonderheit:** Es sind mehrere unterschiedliche Farbformen bekannt, leider jedoch ohne Angaben von Fundort und Fanghöhe. Tiere unbekannter Herkunft sollten eher kühl als zu warm gepflegt werden.

## Elefantenohrchamäleon (*Chamaeleo (Trioceros) melleri*)

**Größe:** Männchen bis 60 cm, Weibchen bleiben geringfügig kleiner.

**Lebenserwartung:** Das Elefantenohrchamäleon ist der Altersrekordhalter unter den Chamäleons. Es kann bis zu 17 Jahre (Internet 2006) alt werden, für Chamäleons ein wahrhaft „biblisches“ Alter.

**Verbreitung:** Von Küstenhöhe bis ins Bergland auf 1500 m Höhe in Ostafrika, von Malawi über Nordmosambik bis Tansania. Exportiert werden vor allem Tiere aus Tansania.

**Lebensraum:** In Baumkronen, vor allem von Akazien, in der Buschsavanne entlang der Küste Tansanias sowie auch in tropischen Regenwäldern im Landesinneren. Das Elefantenohrchamäleon ist auch in Bäumen von Gärten und Plantagen in der Nähe menschlicher Siedlungen zu finden.

Durch Futter leicht erregtes, subadultes Tier.

**Haltung:** In großen Terrarien ab 150 × 75 × 150 cm (L × T × H) zum Teil paarweise möglich, falls das Weibchen auf die Anwesenheit des Männchens gestresst reagiert, meist während der Trächtigkeit, wird eine zeitweise Trennung erforderlich. Das Elefantenohrchamäleon eignet sich auch sehr gut für die freie Haltung im Zimmer, etwa am Blumenfenster. Jungtiere können in Kleingruppen aufgezogen werden.

**Temperatur:** Im Sommer tagsüber 25 bis max. 30 °C, nachts 17 bis 22 °C, Tiere aus dem Bergen (falls Herkunft in Erfahrung zu bringen ist) vertragen noch tiefere Nachttemperaturen. Im Winter dürfen die Temperaturen noch 3 bis 5 °C tiefer liegen. Tiere ausreichend und gezielt tränken, kurzes Sprühen ermöglicht ihnen keine ausreichende Wasseraufnahme.

**Luftfeuchtigkeit:** 50 bis 60 % am Tag, nachts ansteigend bis 90 %. Im Lebensraum beginnt es ab November allmählich wieder vermehrt zu regnen, der meiste Regen fällt im April und Mai, danach fallen nur noch spärliche Niederschläge. Wichtig ist gezieltes Tränken der „Riesen“.

**Ernährung:** Diverse Insekten, gelegentlich auch Mäusebabys. In freier Natur ebenfalls etwas pflanzliche Nahrung. Die Tiere werden schnell zutraulich und können dann von Hand auch mit vegetarischen Happen, z. B. Obst (Trauben, Kirschen) oder Gemüsestücken (etwa Paprika oder Tomaten) gefüttert werden.

**Fortpflanzung:** Die Geschlechtsbestimmung ist meist schwierig. Anhand der Kopfproportionen (die Männchen haben etwas größere Köpfe) können die Geschlechter manchmal unterschieden werden. Nach einer Tragezeit von etwa 3 Monaten (bei der ersten Eiablage sind auch 4 Monate möglich) vergraben die Weibchen in etwa 15 cm Tiefe bis zu 91 Eier (durchschnittlich etwa 50), daher etwa 30 cm Bodensubstrat im Terrarium des Weibchens einbringen! Bei konstant 24 bis 25 °C im Brutapparat schlüpfen nach etwa 90 Tagen die ersten ca. 9 bis 11 cm

Junges Elefantenohrchamäleon im grauweißen Jugendkleid.

messenden Jungtiere, bei tieferen Temperaturen zwischen 20 bis 24°C erst nach ca. 200 bis 240 Tagen. Die Jungen wachsen langsam, etwa nach 18 bis 24 Monaten erreichen sie die Geschlechtsreife.

**Besonderheit:** Das Elefantenohrchamäleon ist das größte Chamäleon des afrikanischen Festlandes und die drittgrößte bisher bekannte Chamäleonart. Seinen deutschen Namen erhielt es wegen der großen Hinterhauptslappen, die es bei Erregung/Bedrohung abspreizt, um noch imposanter zu wirken. Die Tiere besitzen ein sehr ruhiges Wesen und werden schnell zutraulich.

## Vierhornchamäleon (*Chamaeleo (Trioceros) quadricornis*)

**Größe:** Männchen 35 cm, maximal bis 40 cm, Weibchen bis etwa 30 cm.

**Lebenserwartung:** Etwa 4 bis 6 Jahren, in Ausnahmefällen 8 bis 9 Jahre.

**Verbreitung:** Vom Südosten Nigerias bis in den Westen und Südwesten Kameruns. Zur Zeit werden zwei Unterarten anerkannt.

**Lebensraum:** Auf Sträuchern und Bäumen bis in etwa 6 m Höhe über dem Boden, besonders häufig an Rändern montaner Nebel- und Regenwälder (von 1350 m bis etwa 2200 m über NN).

**Haltung:** In dicht bepflanzten Regenwaldterrarien an einem kühlen Standort. Mit im Terrariendeckel etwas vergrößerter Drahtgazebelüftung. In großen Terrarien kann diese ruhige Art auch paarweise gehalten werden. Zeigt das Weibchen mehrere Tage lang durch ihre Dunkelfärbung Unwohlsein an, müssen die Tiere getrennt werden. Freilandhaltung ist im Sommer möglich. Die Gazeterrarien erhalten einen schattig bis halbschattigen (nur Morgensonne) Standort. Zur Wasserversorgung zwei bis drei Mal täglich kräftig sprühen.

**Temperatur:** Tagsüber genügen 20 bis 22 °C, nur stundenweise (vor allem vormittags) durch milden, lokalen Spot 30 bis 35 °C. Die Nachtabsenkung

Paarung beim Vierhornchamäleon.

auf 10 bis 15 °C ist wichtig, denn im natürlichen Lebensraum können die Temperaturen nachts fast bis auf den Gefrierpunkt fallen.

**Luftfeuchtigkeit:** Am Tag 60 bis 70 %, nachts ansteigend bis 100 %. Es gibt im natürlichen Lebensraum saisonale Klimaschwankungen mit einer Hauptregenzeit von August bis November und einer Trockenzeit von Dezember bis März, siehe auch Bergchamäleon.

**Ernährung:** Verschiedene Insekten.

**Fortpflanzung:** Sie dürfte in freier Natur stark saisonal ausgerichtet sein. Laut Literatur wurden im März (Ende der Trockenzeit) Weibchen mit legereifen Eiern gefunden. Dies entspricht auch Terrarienbeobachtungen. Ein im Januar erworbenes Wildfangweibchen vergrub bei mir Anfang März zehn relativ große Eier. Andere Autoren berichten von bis zu 18 Eiern. Bei einer Schwankung der Inkubationstemperatur von 17 bis 25 °C schlüpfte das erste Junge nach 145 Tagen, ein Zweites nach 148 Tagen. Wird das Gelege bei Zimmertemperatur (20 bis 22 °C) inkubiert, schlüpfen die Jungen etwa nach einem halben Jahr bei einer Schlupfrate von 80 bis 100 % (Böhle, mündliche Mitt.). Die weitere Aufzucht gelingt problemlos bei Zimmertemperatur (18 bis 22 °C, nicht über 25 °C). Die schnellwüchsigen Jungtiere können bei abwechslungsreicher Fütterung mit 8 Monaten geschlechtsreif sein. Bei kühler Haltung legen Nachzuchtweibchen erst nach etwa 1 bis 1,5 Jahren erstmals Eier ab.

Ungefähr acht Wochen altes Jungtier.

**Besonderheit:** Es werden zwei Unterarten anerkannt. Die Nominatform *Chamaeleo quadricornis quadricornis* stammt ausschließlich aus Kamerun. Sie gilt als Bergart mit einem Verbreitungsgebiet in Höhen von 1350 bis 2220 m. Die zweite Unterart, *Chamaeleo quadricornis gracilior* bewohnt in Kamerun die Bamboutos Mts., den Mt. Lefo und den Mt. Oku sowie das Obudu Plateau im angrenzenden Nigeria. Die Tiere bleiben kleiner als die der Nominatform und bei den Männchen sind Rücken- und Schwanzsegel niedriger ausgebildet. Die in der Literatur zur Unterscheidung der Unterarten häufig angeführte unterschiedliche Hornzahl der Männchen scheint als Unterscheidungsmerkmal nicht haltbar zu sein, da bei Tieren der Nominatform die Hornzahl von zwei bis sieben variiert. Die Unterarten unterscheiden sich auch im Aufbau ihrer Lungen.

## Bergchamäleon (*Chamaeleo* (*Trioceros*) *montium*)

**Größe:** Männchen bis 25 cm, Weibchen bis 20 cm.

**Lebenserwartung:** In freier Natur 2 bis 3 Jahre, im Terrarium 3 bis 5 Jahre, nur sehr selten bis maximal 9 Jahre.

**Verbreitung:** Im Südwesten Kameruns.

**Lebensraum:** Hauptsächlich an den Rändern montaner Nebel- und Regenwälder, oft auch an Bächen, in Höhenlagen von 500 bis 1250 m, ein Fundort liegt in einem Niederungswald. Das Bergchamäleon lebt dort auf Sträuchern und Bäumen in 1,5 bis 3 m Höhe über dem Boden, aber auch auf Gräsern in Bodennähe. Die Tiere sollen sogar in Plantagen, Gärten und Hecken zu finden sein.

**Haltung:** Einzeln in dicht bepflanzten Regenwaldterrarien mit etwas vergrößerten Lüftungsflächen im Deckel (10 bis 15 cm Drahtgaze statt

Männchen.

5 cm „Standard-Lochblech“). Auch paarweise Haltung in Großterrarien möglich, wenn Möglichkeiten zum Rückzug für die Weibchen bestehen. In direkt nebeneinander stehenden Terrarien sollte jedoch ein Sichtschutz angebracht werden. Als Beleuchtung eignen sich Leuchtstoffröhren und als lokale Wärmequelle ein wattschwacher Spotstrahler, der jedoch nur stundenweise in Betrieb sein sollte.

**Temperatur:** Tagsüber genügen Temperaturen bis 25 °C, ständig hohe Temperaturen von 28 bis 30 °C bekommen den Bergchamäleons auf Dauer nicht. Oft genügt schon die Abwärme der Leuchtstoffröhren als Wärmequelle. Bei zu großer Wärme ziehen sich die Tiere immer weiter Richtung Boden zurück und beginnen sogar, Mulden auszuheben. Nachts sollte die Temperatur wenigstens auf 15 bis 18 °C absinken.

**Luftfeuchtigkeit:** Tagsüber 60 bis 80 %, nachts bis 100 % ansteigend, daher regelmäßig, vor allem morgens und abends kräftig sprühen. Das Sprühen dient den Tieren auch zur Deckung ihres hohen Wasserbedarfes. In ihrem Lebensraum gibt es von August bis November eine Hauptregenzeit und eine große Trockenzeit von Dezember bis März, während der in den Bergen dennoch Niederschläge fallen.

**Ernährung:** Verschiedene Insekten, besonders „weichhäutige“ Futtertiere, wie Heimchen, Fliegen, frisch gehäutete Käferlarven und Raupen.

**Fortpflanzung:** In freier Natur scheint die Paarungszeit vor allem in die Regenzeit zu fallen, die Eiablage findet ab November, dem Ende der Regenzeit, statt. Im Terrarium dagegen sind Paarungen ganzjährig möglich. Die Weibchen vergraben etwa 6 bis 8 Wochen nach der Paarung ihre 5 bis 12 Eier im feuchten Boden. Werden die Eier bei konstant 25 °C inkubiert, sind die Jungen sehr klein und hinfällig. Bei Schwankungen der Inkubationstemperatur zwischen 24 bis 26 °C tagsüber und 18 bis 20 °C nachts schlüpfen die Jungen nach 91 bis 117 Tagen. Sehr kräftige und vitale Jungtiere schlüpfen, wenn sich der Eier bei Zimmertemperatur (tagsüber 18 bis 22 °C und nachts 16 bis 18 °C) entwickeln können.

Weibchen des Bergchamäleons.

Die Jungen schlüpfen dann nach etwa 160 bis 172 Tagen. Wichtig für den Schlupferfolg ist die allmähliche Abtrocknung des Vermiculites in den letzten Inkubationswochen, weil die Jungen in sehr feuchtem Vermiculite scheinbar die Eischale nicht öffnen können und in der Eiflüssigkeit ersticken. Bei Temperaturen bis 25°C am Tage und einer Nachtabsenkung auf 16 bis 18 °C wachsen die jungen Bergchamäleons sehr rasch heran. Die Jungen können in den ersten zwei bis drei Monate zusammen aufgezogen werden, müssen aber, sobald Unverträglichkeiten auftreten, sofort getrennt werden. Die Männchen sind schon gleich nach dem Schlupf an der verdickten Schwanzwurzel zu erkennen, nach wenigen Wochen auch am beginnenden Horn- und Rückensegelwachstum. Weibchen werden etwa nach 6 Monaten mit einer Kopf-Rumpf-Länge von etwa 6,5 cm geschlechtsreif, Männchen nach etwa 9 Monaten ab einer Kopf-Rumpf-Länge von etwa 8 cm.

**Besonderheit:** Das Bergchamäleon ist ein sehr schöner Zimmerdrache, der sich nach den Erfahrungen auch sehr gut für die Terrarienhaltung eignet.

## Sternfelds Bergchamäleon (*Chamaeleo* (*Triocerus*) cf. *sternfeldi*)

**Größe:** Bis 16 cm.

**Lebenserwartung:** Im Terrarium wohl 3 bis 4 Jahre.

**Verbreitung:** Tansania, Kilimandscharo, Mt. Meru

**Lebensraum:** In Sträuchern und Büschen.

**Haltung:** Paarweise in dichtbepflanzten Regenwaldterrarien. Sehr empfehlenswert ist der Einbau eines Zimmerbrunnens, die Tiere sind übrigens geschickte Schwimmer, deshalb stellt auch ein größerer Wasserteil für sie keine Gefahr dar. Die Terrarien benötigen keine übergroßen Lüftungsflächen. Hält man ein Pärchen in einem 60 × 50 × 80 cm großen Terrarium, genügt bei 20 °C Raumtemperatur eine 50 bis 80 W HQL-Lampe, um das Terrarium zu beleuchten und erwärmen.

**Temperatur:** Tagsüber genügen 22 bis 25 °C, nicht auf Dauer über 30 °C, Nachtabsenkung wenigstens auf Zimmertemperatur, besser auf 12 bis 15 °C, auch tiefere Nachttemperaturen sind kein Problem.

Weibliches Tier.

**Luftfeuchtigkeit:** Am Tage 60 bis 70 %, nachts ansteigend auf bis zu 100 %, daher wenigstens morgens und abends kräftig sprühen.

**Ernährung:** Verschiedene Insekten.

**Fortpflanzung:** Das Werben und die Paarung verläuft ruhig und harmonisch. Die Weibchen sind mehrere Tage paarungsbereit. Die Tragezeit dauert wohl etwa 6 Monate. Gegen Ende der Trächtigkeit besitzen die Weibchen einen auffälligen Leibesumfang und beginnen, unruhig umherzukriechen. Meist werden die bis zu 14 noch in ihren Eihäuten verpackten Jungtiere in den Vormittagsstunden an Ästchen abgestreift, durch heftige Bewegungen befreien sie sich dann aus den Eihüllen. Die Neugeborenen werden von ihren Eltern nicht behelligt. Die Aufzucht kann in Gruppen erfolgen, bei Einzelaufzucht entwickeln sich die Jungen aber besser. Hält man sie bei Zimmertemperatur, nicht über 25 °C, ist die Aufzucht nicht sonderlich schwierig. Nach etwa einem halben Jahr färben sich die anfangs bräunlichen Jungtiere grün, werden geschlechtsreif und können sich verpaaren. Nach einem Jahr können die Nachzuchtweibchen zum ersten Mal Junge werfen.

Männliches Tier.

**Besonderheit:** Die Art ist im Terrarium gut zu halten und kann auch gut nachgezüchtet werden. Sie wird meist unter der nicht korrekten Bezeichnung *Chamaeleo rudis* importiert. *Chameleo rudis* ist ein Montanwald- bis Feuchtsavannenbewohner der alpinen Zone, der unter den geschilderten Haltungsbedingungen sicherlich schnell hinfällig wäre.

## Teppichchamäleon (*Furcifer lateralis*)

**Größe:** Durchschnittlich 18 bis 25 cm, selten bis 28 cm.

**Lebenserwartung:** In freier Natur oft nur 1 bis 2 Jahre, im Terrarium 2 bis 3 Jahre, in Ausnahmefällen bis 5 Jahre.

**Verbreitung:** Bis auf den Norden und Nordwesten Madagaskars auf der ganzen Insel weit verbreitet. Nach Aussage des Exporteurs O. Pronk stammen die meisten exportierten Teppichchamäleons aus dem zentralen Hochland, aus Antananarivo und dessen Umgebung.

**Lebensraum:** Verschiedene Vegetationstypen von Trockenwäldern, Feuchtsavannen bis hin zu Regenwäldern. Dort leben die Tiere sowohl in Bäumen, Sträuchern als auch im Gras. Die Höhenverbreitung reicht von Meereshöhe bis hinauf in 2000 m Höhe. Das Teppichchamäleon ist

Männchen mit Balzkleid.

ein anpassungsfähiger Kulturfolger, der auch Hecken und Sträucher in Gärten, selbst in der Hauptstadt Madagaskars Antananarivo (= Tana, etwa 1200 m über NN) besiedelt.

**Haltung:** In kleinen Terrarien nur einzeln, in sehr großen Becken (z.B. 120 × 60 × 150 cm), nach Erfahrungen des Autors auch paarweise oder ein Männchen mit zwei bis drei Weibchen möglich. Die Terrarien sollten, besonders bei der Paarhaltung, dicht bepflanzt sein damit sich die Tiere nicht ständig sehen. Es sind keine übergroßen Gazeflächen zur Belüftung nötig, im Sommer ist Freilandhaltung im Garten sehr empfehlenswert.

**Temperatur:** Aufgrund der großen Höhenverbreitung dieser Art ist es sehr von Vorteil, den genauen Fundort der Tiere in Erfahrung zubringen, um die Haltungstemperaturen genau einstellen zu können. Dies wird jedoch selten gelingen. Da die meisten Tiere aus dem zentralen Hochland (siehe oben) stammen, also aus höheren Lagen (1200 bis 1500 m), kommen sie mit Tagestemperaturen von 25 bis 30 °C sehr gut zurecht. Nachts kann die Temperatur auf Zimmertemperatur oder auch bis 15 °C abfallen, bei Hochlandtieren sogar noch tiefer. Den Tieren sollte zudem ein lokaler Sonnenplatz angeboten werden, damit sie sich bei Bedarf auch über 30 °C aufwärmen können.

**Luftfeuchtigkeit:** Tagsüber genügen etwa 60 %, nachts kann die Luftfeuchtigkeit bis 100 % ansteigen. Dazu sollte täglich morgens und abends zwei Mal kräftig gesprüht werden.

**Ernährung:** Verschiedene Insekten und Gliedertiere.

**Fortpflanzung:** In der Literatur wird oft angegeben, zur Zucht der „aggressiven“ Art das Weibchen in das Terrarium des Männchens zu setzen, dann deren Reaktionen zu beobachten, um bei Unverträglichkeiten gleich eingreifen zu können. Die Männchen sind stets paarungsbereit und lassen sich vom Drohen der paarungsunwilligen Weibchen nicht abschrecken. So kommt es durchaus zu ernsthaften Verletzungen durch Beißereien, beispielsweise beim Zusammensetzen von Wildfängen. In großen, dicht bepflanzten Terrarien allerdings verläuft meist nur der Erstkontakt so heftig. Hat man etwas Geduld und trennt die Tiere nicht sofort nach anfänglichen Reibereien, genügt häufig schon das Farbenspiel des Weibchens, um die Balz des Männchens zu beenden. Zusammen aufgewachsene Nachzuchttiere des Autors, ein Männchen und zwei Weibchen, lebten geradezu harmonisch miteinander in einem Terrariumwürfel mit 60 cm Kantenlänge. Das Männchen balzte und verpaarte sich mehrmals mit den Weibchen. Die Weibchen zeigten trotz der Gesellschaft des Männchens auch nicht ständig ihre Trächtigkeitsfärbung. Sie wurden bis einige Tage vor der Eiablage nicht mehr „belästigt“. Paarungsunwillige und trächtige Weibchen zeigen eine besonders schöne Färbung. Abhängig von der Temperatur erfolgt nach etwa 30 bis 52 Tagen die Eiablage. Teppichchamäleonweibchen sollen ihre Gelege nur dann im Boden vergraben, wenn die Bodentemperatur etwa 25 °C beträgt. Im Terrarium lassen sie häufig die Eier trotz Bodenheizung einfach fallen. Das führt nicht selten zu Verlusten durch Eintrocknen oder Absterben der Eier. Ein Gelege kann aus bis zu 23 Eiern bestehen, meist aber aus 10 bis 14. In freier Natur sollen Weibchen bis zu fünf Gelege pro Jahr produzieren können, stellen aber nach vier bis sechs Gelegen altershalber ihre sexuelle Aktivität ein und können noch etwa ein Jahr weiterleben.

Stark erregtes Weibchen in Abwehrhaltung.

**Der Weg zum Schlupferfolg:**

- Die frisch abgelegten Eier werden in feuchtem Vermiculite etwa 45 Tage bei etwa 25 °C im Brutapparat inkubiert
- dann etwa 40 Tage lang bei 10 bis 15 °C kühl, im ungeheizten Zimmer, Keller oder Kühlschrank „überwintert“
- anschließend erneut im Brutschrank bei 25 bis 26 °C (nicht über 28 °C) bis zum Schlupf, der temperaturabhängig etwa 80 bis 120 Tage nach der Überwinterung erfolgt, bebrütet.

Anfangs scheiterten alle Versuche, die Eier von Teppichchamäleons zu zeitigen. Erst als Schmidt 1984 durch Studien von Klimakatalogen erkannte, dass nach Erreichen eines bestimmten Entwicklungsstadiums eine kühle Ruhephase erforderlich ist, bevor ein erneuter Temperaturanstieg die Entwicklung wieder in Gang setzt, stand einer erfolgreichen Inkubation der Gelege nichts mehr im Weg. Ohne diese Ruhephase endet die Entwicklung der Embryonen in einem frühen Entwicklungsstadium, in dem sie bis zu 230 Tage ausharren können. Wenn der Auslösereiz durch den Temperaturanstieg nicht erfolgt, sterben die Embryonen ab. In freier Natur dient diese

Ruhepause vermutlich dazu, dass alle Jungtiere dieser Art, egal ob die Eier im Sommer oder im Herbst abgelegt wurden, fast zeitgleich zu Beginn des feucht warmen Sommers des darauf folgenden Jahres schlüpfen. Entgegen der Literaturangaben gelang bei Tieren des Autors auch die Gruppenaufzucht von zehn Jungen in einem größeren Terrarium (55 cm × 55 cm × 90 cm). Die Jungtiere können bei Temperaturen von tagsüber um 25 °C und nachts bei Zimmertemperatur problemlos aufgezogen werden.

**Besonderheit:** Teppichchamäleons sind aufgrund ihrer relativ kurzen Lebensspanne sehr schnellwüchsig. Die agilen Tiere können erstaunliche Futtermengen verzehren, dennoch scheint es bei ihnen zu keiner Verfettung zu kommen. Bereits mit 4 bis 6 Monaten können sie die Geschlechtreife erlangen.

## Pantherchamäleon (*Furcifer pardalis*)

**Größe:** Männchen bis über 52 cm, meist jedoch unter 40 cm, Weibchen bis maximal 35 cm.

**Lebenserwartung:** In freier Natur nur etwa 2 bis 2 1/2 Jahre. Im Terrarium Männchen 4 bis 5 Jahre, selten über 8 Jahre. Weibchen die regelmäßig verpaart werden meist nur 2 bis 3 Jahre, im Alter von etwa 2 1/2 Jahren stellen die Weibchen die Fortpflanzung ein.

**Verbreitung:** Ursprünglich entlang der Küstenregionen im Norden Madagaskars sowie der vorgelagerten Inseln (z. B. Nosy Be, Nosy Boraha), von Ankarafantsika (Nordwestküste) über Diego Suarez (im Norden) bis

Männchen (Diego Suarez).

nach Tamatave (Ostküste). Weiter im Süden gemeldete Vorkommen konnten bisher nicht bestätigt werden.

**Lebensraum:** Einst besiedelte das Pantherchamäleon wohl hauptsächlich sonnige Bereiche im feuchtwarmen Tieflandregenwald, konnte aber als anpassungsfähige Art nach der Entwaldung der Insel durch den Menschen bis in 1200 m Höhe vordringen. Lebt sowohl auf Bäumen, Sträuchern als auch als Kulturfolger in Gärten, Feldern und Parks.

**Haltung:** Einzeln in dicht bepflanzten Standardterrarien, in Wintergärten auch paarweise oder in Gruppen (1 Männchen und mehrere Weibchen) möglich, kein erhöhtes Frischluftbedürfnis. Bei ausreichend Platz, sodass sie Tiere Reviere bilden können, stört sie der Sichtkontakt zu Artgenossen nicht. Als Bodengrund stets leicht feuchte Terrarienerde.

**Temperatur:** Tagsüber 25 bis 35 °C, nachts ist Raumtemperatur ausreichend, unter lokalen Wärmestrahlern bis 40 °C. Das Pantherchamäleon verträgt kühle Temperaturen unter 15 °C schlecht, unter 12 °C sollen die Tiere schnell sterben. Tiere der gelben Variante aus Joffreville scheinen gegenüber tieferen Temperaturen jedoch weniger empfindlich zu sein.

**Luftfeuchtigkeit:** Tagsüber 60 bis 80 %, nachts bis 100 %.

**Ernährung:** Bevorzugt verschiedene Insekten, in freier Natur auch kleine Reptilien. Frisst gelegentlich auch Blätter und farbige Blüten.

**Fortpflanzung:** In freier Natur zeigen die Tiere ihre schönsten Farben während der Regenzeit, dann sind sie auch paarungsaktiv. In der futterarmen, kühleren (unter 25 °C) Trockenzeit verblassen die Farben der nun recht inaktiven Tiere. Die Weibchen können während der Regenzeit 2 bis 3 Gelege ablegen, die Jungen schlüpfen nach 6 bis 12 Monaten zu Beginn der nächsten Regenzeit und entwickeln sich in dieser Zeit. Nach einer inaktiven Phase, während der folgenden Trockenzeit, beginnen sie in der darauf folgenden Regenzeit mit der Reproduktion. Im Terrarium können die Paarungsaktivitäten gesteuert werden, indem man einen jahreszeitlichen Rhythmus nachahmt mit einer etwas kühleren „Trockenzeit" in unserem Herbst und Winter und einer feucht-heißen „Regenzeit" im Frühjahr und vor allem im Sommer. Die Weibchen zeigen durch besondere Färbung und ruhiges Verhalten Paarungsbereitschaft an. Paarungsunwillige Weibchen drohen dunkel gefärbt. Die Ablage der 20 bis 30, maximal bis zu 46 Eier erfolgt nach etwa 30 bis 45 Tagen.

Die Jungen schlüpfen bei Inkubation in feuchtem Vermiculite bei 25 bis 26 °C nach 200 bis 225 Tagen, bei konstant 28 °C nach 159 bis 362 Tagen, aber auch Inkubationen mit geringer Nachtabsenkung führten zum erfolgreichen Schlupf von Jungtieren. Aufgrund der eigenen Beobachtungen und der Vermutung, dass Jungtiere trotz

Weibchen.

unterschiedlichem Ablagetermin innerhalb einer Regenzeit alle mit Beginn der darauf folgenden Regenzeit schlüpfen, hält es Rimmele (1999) für sehr wahrscheinlich, dass die Entwicklung der Eier erst nach einer gewissen Ruhepause einsetzt. Darauf deutet auch die bei Necas (1999) angeführte Differenz (159 bis 362 Tage) in der Brutzeitspanne von 203 Tagen bei einer Inkubationstemperatur von konstant 28 °C hin. Die Jungen können in kleinen Gruppen aufgezogen werden, die Aufzucht ist nicht besonders schwer. Gute Erfolge erzielt man bei hellem Licht und zeitweisen Temperaturen von bis zu 35 °C. Mit etwa 9 bis 10 Monaten erreichen Jungtiere die Geschlechtreife.

**Besonderheit:** Beim Pantherchamäleon handelt es sich um eine bezüglich der Färbung sehr variable Art. In den letzten Jahren „tauchten" immer wieder neue Farbformen auf (neben der Herkunft können auch Alter, Jahreszeit, Beleuchtung und Haltung die Färbung beeinflussen.) Während die Männchen meist durchaus anhand ihrer Prachtfärbung bestimmten Fundorten zugewiesen werden können, ist dies bei Weibchen nur sehr selten möglich. Dies ist vor allem bei der Nachzucht sehr hinderlich, weil Kreuzungen unterschiedlicher Farbformen in mehreren Fällen unfruchtbare Nachkommen hervorgebracht haben. Das Pantherchamäleon wird sehr groß, besitzt eine überaus attraktive Färbung, verträgt Hitze und auch zeitweise Trockenheit sehr gut und kann deshalb gerade den Einsteigern besonders empfohlen werden.

Männchen (Tamatave).

# Verzeichnisse

## Adressen

Deutsche Gesellschaft für Herpetologie und Terrarienkunde e.V. (DGHT)
Postfach 1421
Wormersdorferstr. 46 bis 48
53351 Rheinbach.
Telefon 0 22 25/70 33 33 und
Fax 0 22 25/70 33 38

AG Chamäleons der DGHT
c/o Ulrike Walbröl,
Breslauerstr. 19
73913 Swisttal-Morenhoven
http://www.chamaeleonag.de

**Institute, die eingesandte Kotproben kostenpflichtig untersuchen und detailierte Behandlungsvorschläge zur Vorlage beim Tierarzt erstellen:**
Institut für Zoologie, Fischereibiologie und Fischkrankheiten der tierärztlichen Fakultät der Universität München
Dr. med. vet. Petra Kölle
Kaulbachstr. 37
Telefon 0 89/21 80 22 83

Veterinärmedizinische Fakultät der Universität Gießen
Frankfurter Str. 87
35392 Gießen

**Fragen zum Artenschutz:**
Bundesamt für Naturschutz
Konstantinstr. 110
53179 Bonn
Telefon 02 28/8 49-0
Fax 02 28/84 91-2 00

## Fachzeitschriften

DATZ – Die Aquarien- und Terrarienzeitschrift: Ulmer Verlag, Wollgrasweg 41, 70599 Stuttgart.

Elaphe und Salamandra: DGHT Geschäftsstelle, Postfach 14 21, 53351 Rheinbach.

Herpetofauna: Herpetofauna Verlags GmbH, Römerstr. 21, 71384 Weinstadt.

Reptilia: Natur- und Tier-Verlag, An der Kleinmannbrücke 39, 48157 Münster.

Draco Terraristik: Sonderheft Chamäleons. Natur und Tier-Verlag.

Sauria, Terraristik & Herpetologie- Terrariengemeinschaft Berlin e.V. Planetenstr. 45, 12057 Berlin.

## Literatur


Bäumer, M. (1997): *Chamaeleo montium:* Probleme und Erfolge bei der Haltung einer Zuchtgruppe des Bergchamäleons. Elaphe 5 Heft 2, Rheinbach 1997.

Böhle, A. (2006): Jacksons Dreihornchamäleon, *Chamaeleo jacksonii*. NTV, Münster.

Dost, U. (2000): Das Kosmos-Buch Terraristik. Franckh-Kosmos Verlags-GmbH & Co., Stuttgart.

Dost, U. (2000): Das Jemenchamäleon *Chamaeleo calyptratus.* Draco 1/2000, S. 52 bis 56, Natur und Tier Verlag, Münster.

Dost, U. (2002): Das Helmchamäleon, zur Pflege und Zucht von *Chamaeleo hoehnelii*. Das Aquarium 8/02, S. 62 bis 68, Schmettkamp Verlag, Bornheim.

Dost, U. (2005): Das Dreihornchamäleon Teil 1 und 2. Das Aquarium 7/2005, S.67-71, 8/2005, S. 66-71, Schmettkamp Verlag, Bornheim.

Dost, Kathrin & Uwe (2000): Das Vierhorn-Chamäleon. Das Aquarium 12/00, S. 60 bis 65, Birgit Schmettkamp Verlag, Bornheim.

Dost, Kathrin & Uwe (2001): Erfahrungen bei der Pflege und Nachzucht des Teppichchamäleons *Furcifer lateralis*. Reptilia 8-9/2001, S. 55 bis 60, Natur und Tier Verlag, Münster.

Euskirchen, O., Schmitz, A. & Böhme, W. (2000): Zur Herpetofauna einer montanen Regenwaldregion in SW-Kamerun (Mt. Kupe und Bakossi-Bergland). Herpetofauna, Weinstadt 22 Jhrg., Nr. 125: S. 21 bis 34, Weinstadt.

Fritz, J.P. & Schütte, F. (1987): Zur Biologie jemenitischer *Chamaeleo calyptratus* Dumeril & Dumeril, 1851 mit einigen Anmerkungen zum systhematischen Status. Salamandra 23 (1): 17 bis 25, Bonn.

Henkel, F.-W. & Heinecke, S. (1993): Chamäleons im Terrarium. Landbuch Verlag, Hannover.

Herrmann, H. W., Herrmann, P. A. & Böhme, W. Die ALSCO-

Kamerun-Expedition I (1999): Amphibien und Reptilien vom Mt. Nlonako. Zeitschrift des Kölner Zoo Heft 4, Jahrg. 42., Köln.
Klusmeyer, B. (1999): Chamaeleo (Triceros) quadricornis quadricornis. Sauria Heft 3 (21. Jahrg.) 9/1999, S.2., Berlin.
Masurat, G. (2000): Chamäleons in menschlicher Obhut: Draco, Natur und Tier Verlag Münster 1 (1), S. 32 bis 51.
Masurat, G. & Masurat, I. (1995): *Chamaeleo (Triceros) jacksonii*. 17 (3): 321 bis 328. Sauria, Suppl., Berlin.
Masurat, I. & G. Masurat (1996): Nachzuchtergebnisse bei *Chamaeleo jacksonii.* Boulenger, 1896 (Sauria, Chamaeleonidae) über 15 Jahre. Salamandra, 32 (1): 1 bis 12., Rheinbach.
Meerman, J. & Boomsma, T. (1987): Beobachtungen an *Chamaeleo calyptratus calyptratus* Dumeril & Dumeril, 1851 in der Arabischen Republik Jemen. Salamandra 23 (1): 10 bis 16, Bonn.
Müller, R., Lutzmann, N. & U. Walbröl (2004): *Furcifer pardalis* – Das Pantherchamäleon. NTV, Münster.
Necas, P. (1997): *Chamaeleo calyptratus.* 19 (3): 389 bis 394, Sauria, Suppl., Berlin.
Necas, P. & Modry D. (1998): *Bradypodion tavetanum.* 20 (3): 431 bis 434, Sauria, Suppl., Berlin.
Necas, P. (1999): Chamäleons, bunte Juwelen der Natur. Edition Chimaira, Frankfurt/M.
Paasch, J. (1994): Vierhornchamäleons (*Chamaeleo quadricornis*) erstmals nachgezüchtet. DATZ Heft 8 (47 Jahrg.), S. 493 bis 495, Eugen Ulmer Verlag, Stuttgart.
Rimmele, A. (1999): Erkenntnisse aus der mehrjährigen Pflege und Zucht, sowie einige Freilandbeobachtungen am Pantherchamäleon, *Furcifer pardalis* (Cuvier, 1829). 21 (2): S. 27 bis 36, Sauria, Berlin 1999.
Schmidt, W. (1996): Über die Haltung und Zucht von *Chamaeleo lateralis.* 22 (2/3): S. 105 bis 112. Salamandra, Bonn.
Schmidt, W. (1998): Zeitigungsversuche mit Eiern des madagassichen Chamäleons *Furcifer lateralis*. 24 (2/3): 183 bis 184. Salamandra, Bonn 1988.
Schmidt, W. & Henkel, F.W. (1989): Pantherchamäleons *Chamaeleo (Furcifer) pardalis* im Terrarium., 42 (5): S. 101 bis 104. DATZ, Verlag Eugen Ulmer, Stuttgart.
Schmidt, W., Tamm, K. & Wallikewitz E. (1996): Chamäleons, Drachen unserer Zeit. Natur und Tier-Verlag, Münster.
Stegemann, T. (1997): Haltung und Zucht von *Bradypodion tavetanum*., 19 (2): 13 bis 19, Sauria, Berlin.
Wallikewitz, E. & Wallikewitz, A. (1992): Einige Beobachtungen zur Haltung, Nachzucht und zum Verhalten von *Chamaeleo montium* (Buchholz, 1874). Herpetofauna, 14. Jhrg., Nr.81, S. 6 bis 10, Weinstadt.
Weitzel, D. & Hofmann, S. (2004): Eigene Erfahrungen zur Haltung und Zucht von *Chamaeleo (Triocerus) melleri*. Mitteilungsblatt 28 der AG Chamäleons in der DGHT e.V. 14. Jahrg., Heft 1, 05/2004.

## Bildquellen

Die Umschlagfotos und alle Fotos im Innenteil stammen vom Autor.

Die Zeichnungen fertigte Christiane Gottschlich, Berlin, nach Vorlagen des Autors und aus der Literatur.

## Danksagungen

Herzlich danken möchte ich erneut Dr. Andreas Schlüter (Staatliches Museum für Naturkunde, Stuttgart) für die Durchsicht des Manuskriptes und die Hilfe bei Nomenklaturfragen. Herrn Sonntag vom Regierungspräsidium Stuttgart gilt mein Dank für die Bearbeitung des Textes zu den rechtlichen Bestimmungen. Abermals nach wie vor einen besonderen Dank an Andreas Böhle (Liebenau) für die unzähligen Erfahrungsaustausche zur Pflege der verschiedenen Chamäleonarten sowie für die kritische Durchsicht des Artenteiles. Schließlich möchte ich noch Frau Dr. Eva Götz vom Ulmer Verlag danken für die viele Arbeit, entstanden durch meine ständigen Nachbesserungen.

## Register



---

**Bibliografische Information der Deutschen Nationalbibliothek**
Die Deutsche Nationalbibliothek verzeichnet diese Publikation in der Deutschen Nationalbibliografie; detaillierte bibliografische Daten sind im Internet über http://dnb.d-nb.de abrufbar.


Wollgrasweg 41, 70599 Stuttgart (Hohenheim),
Internet: www.ulmer.de
Lektorat: Dr. Eva-Maria Götz
Herstellung & DTP: Thomas Eisele
Umschlaggestaltung: Atelier Reichert, Stuttgart
Druck und Bindung: Firmengruppe APPL, aprinta Druck, Wemding
Printed in Germany

**ISBN 978-3-8001-5088-5**